学习贯彻党的十九大精神
人民日报重要文章选

任仲文 编

人民日报出版社

图书在版编目（CIP）数据

人民日报重要文章选/ 任仲文编 . —北京：人民日报出版社，2017.7
ISBN 978-7-5115-4821-4

Ⅰ.①人… Ⅱ.①任… Ⅲ.①时事评论－中国－文集
Ⅳ.① D609.9-53

中国版本图书馆 CIP 数据核字（2017）第 173792 号

书　　名：	人民日报重要文章选
编　　者：	任仲文
出 版 人：	董　伟
责任编辑：	曹　腾　蒋菊平　高　亮
封面设计：	吕雪梅
出版发行：	人民日报出版社
社　　址：	北京金台西路 2 号
邮政编码：	100733
发行热线：	(010) 65369527　65369509　65369510　65369846
邮购热线：	(010) 65369530　65363527
编辑热线：	(010) 65369523　65369528
网　　址：	www.peopledailypress.com
经　　销：	新华书店
印　　刷：	大厂回族自治县彩虹印刷有限公司
开　　本：	850mm×1168mm　1/32
字　　数：	190 千字
印　　张：	9.5
版　　次：	2017 年 11 月第 1 版　2017 年 11 月第 1 次印刷
书　　号：	ISBN 978-7-5115-4821-4
定　　价：	25.00 元

目　录

决胜全面建成小康社会　夺取新时代中国特色社会主义
　伟大胜利　　　　　　　　　　　　　　　　习近平 /1
　　——在中国共产党第十九次全国代表大会上的报告

中国共产党章程　　　　　　　　　　　　　　　　　/60

十八届中央纪律检查委员会向中国共产党第十九次全国
　代表大会的工作报告　　　　　　　　　　　　　　/98

中国共产党第十九次全国代表大会关于十八届中央委员会
　报告的决议　　　　　　　　　　　　　　　　　　/130

中国共产党第十九次全国代表大会关于十八届中央纪律
　检查委员会工作报告的决议　　　　　　　　　　　/138

中国共产党第十九次全国代表大会关于《中国共产党章程
　（修正案）》的决议　　　　　　　　　　　　　　/140

中国共产党第十九届中央委员会第一次全体会议公报 /147

中国共产党第十九届中央纪律检查委员会第一次全体会议
　　公报 /150

习近平在参加党的十九大贵州省代表团讨论时强调

万众一心开拓进取把新时代中国特色社会主义推向前进 /151

习近平在十九届中共中央政治局常委同中外记者见面时强调

**新时代要有新气象更要有新作为　中国人民生活一定会
　　一年更比一年好** /156

中共中央政治局召开会议

研究部署学习宣传贯彻党的十九大精神 /161

习近平在中共中央政治局第一次集体学习时强调

**切实学懂弄通做实党的十九大精神　努力在新时代开启
　　新征程续写新篇章** /166

决胜全面建成小康社会　夺取新时代中国特色社会主义伟大胜利

中国共产党第十九次全国代表大会在京开幕 /171

人民日报社论：**开辟中国特色社会主义新境界** /180
　　——热烈祝贺中国共产党第十九次全国代表大会开幕

中国共产党第十九次全国代表大会在京闭幕　　　　　　/184

人民日报社论：**夺取新时代中国特色社会主义伟大胜利**　/196
　　——热烈祝贺中国共产党第十九次全国代表大会胜利闭幕

人民日报社论：**引领新时代的坚强领导核心**　　　　/201

十九大新闻中心举行新闻发布会，有关部门负责人解读十九大报告亮点
描绘新时代的宏伟蓝图　　　　　　　　　　　　　/204

中国共产党第十九次全国代表大会秘书处负责人
就党的十九大通过的《中国共产党章程（修正案）》
　答记者问　　　　　　　　　　　　　　　　　　/210

肩负历史重任　开创复兴伟业　　　　　　　　　　　/227
　　——新一届中共中央委员会和中共中央纪律检查委员会诞生记

领航新时代的坚强领导集体　　　　　　　　　　　　/247
　　——党的新一届中央领导机构产生纪实

面向新时代的政治宣言和行动纲领　　　　　　　　　/261
　　——党的十九大报告诞生记

建设马克思主义执政党的光辉指引　　　　　　　　　/280
　　——《中国共产党章程（修正案）》诞生记

决胜全面建成小康社会 夺取新时代中国特色社会主义伟大胜利

——在中国共产党第十九次全国代表大会上的报告

（2017年10月18日）

习近平

同志们：

现在，我代表第十八届中央委员会向大会作报告。

中国共产党第十九次全国代表大会，是在全面建成小康社会决胜阶段、中国特色社会主义进入新时代的关键时期召开的一次十分重要的大会。

大会的主题是：**不忘初心，牢记使命，高举中国特色社会主义伟大旗帜，决胜全面建成小康社会，夺取新时代中国特色社会主义伟大胜利，为实现中华民族伟大复兴的中国梦不懈奋斗。**

不忘初心，方得始终。中国共产党人的初心和使命，就是为中国人民谋幸福，为中华民族谋复兴。这个初心和使命是激励中国共产党人不断前进的根本动力。全党同志一定要永远与人民同呼吸、共命运、心连心，永远把人民对美好生活的向往作为奋斗目标，以永不懈怠的精神状态和一往无前的奋斗姿态，继续朝着实现中华民族伟大复兴的宏伟目标奋勇前进。

当前，国内外形势正在发生深刻复杂变化，我国发展仍处于重要战略机遇期，前景十分光明，挑战也十分严峻。全党同志一定要登高望远、居安思危，勇于变革、勇于创新，永不僵化、永不停滞，团结带领全国各族人民决胜全面建成小康社会，奋力夺取新时代中国特色社会主义伟大胜利。

一、过去五年的工作和历史性变革

十八大以来的五年，是党和国家发展进程中极不平凡的五年。面对世界经济复苏乏力、局部冲突和动荡频发、全球性问题加剧的外部环境，面对我国经济发展进入新常态等一系列深刻变化，我们坚持稳中求进工作总基调，迎难而上，开拓进取，取得了改革开放和社会主义现代化建设的历史性成就。

为贯彻十八大精神，党中央召开七次全会，分别就政府机构改革和职能转变、全面深化改革、全面推进依法治国、制定"十三五"规划、全面从严治党等重大问题作出决定和部署。五年来，我们统筹推进"五位一体"总体布局、协调推进"四个全面"战略布局，"十二五"规划胜利完成，"十三五"规划顺利实施，党和国家事业全面开创新局面。

经济建设取得重大成就。坚定不移贯彻新发展理念，坚决端正发展观念、转变发展方式，发展质量和效益不断提升。经济保持中高速增长，在世界主要国家中名列前茅，国内生产总值从五十四万亿元增长到八十万亿元，稳居世界第二，对世界经济增长贡献率超过百分之三十。供给侧结构性改革深入推进，经济结构不断优化，数字经济等新兴产业蓬勃发展，高铁、公路、桥梁、港口、机场等基础设施建设快速推进。农业现代化稳步推进，粮食生产能力达到一万二千亿斤。城镇化率年均提高一点二个百分点，八千多万农业转移人口成为城镇居民。区域发展协调性增强，"一带一路"建设、京津冀协同发展、长江经济带发展成效显著。创新驱动发展战略大力实施，创新型国家建设成果丰硕，天宫、蛟龙、天眼、悟空、墨子、大飞机等重大科技成果相继问世。南海岛礁建设积极推进。开放型经济新体制逐步健全，对外贸易、对外投资、外汇储备稳居世界前列。

全面深化改革取得重大突破。蹄疾步稳推进全面深化改革，坚决破除各方面体制机制弊端。改革全面发力、多点突破、纵深推进，着力增强改革系统性、整体性、协同性，压茬拓展改革广度和深度，推出一千五百多项改革举措，重要领域和关键环节改革取得突破性进展，主要领域改革主体框架基本确立。中国特色社会主义制度更加完善，国家治理体系和治理能力现代化水平明显提高，全社会发展活力和创新活力明显增强。

民主法治建设迈出重大步伐。积极发展社会主义民主政治，推进全面依法治国，党的领导、人民当家作主、依法治国有机统一的制度建设全面加强，党的领导体制机制不断完善，社会主义民主不断发展，党内民主更加广泛，社会主义协商民主全面展开，爱国统一战线巩固发展，民族宗教工作创新推进。科学立法、严格执法、公正司法、全民守法深入推进，法治国家、法治政府、法治社会建设相互促进，中国特色社会主义法治体系日益完善，全社会法治观念明显增强。国家监察体制改革试点取得实效，行政体制改革、司法体制改革、权力运行制约和监督体系建设有效实施。

思想文化建设取得重大进展。加强党对意识形态工作的领导，党的理论创新全面推进，马克思主义在意识形态领域的指导地位更加鲜明，中国特色社会主义和中国梦深入人心，社会主义核心价值观和中华优秀传统文化广泛弘扬，群众性精神文明创建活动扎实开展。公共文化服务水平不断提高，文艺创作持续繁荣，文化事业和文化产业蓬勃发展，互联网建设管理运用不断完善，全民健身和竞技体育全面发展。主旋律更加响亮，正能量更加强劲，文化自信得到彰显，国家文化软实力和中华文化影响力大幅提升，全党全社会思想上的团结统一更加巩固。

人民生活不断改善。深入贯彻以人民为中心的发展思想，一大批惠民举措落地实施，人民获得感显著增强。脱贫攻坚战取得决定性进展，六千多万贫困人口稳定脱贫，贫困发生率从百分之十点二下降到百分之四以下。教育事业全面发展，中西部和农村教育明显加强。就业状况持续改善，城镇新增就业年均一千三百万人以上。城乡居民收入增速超过经济增速，中等收入群体持续扩大。覆盖城乡居民的社会保障体系基本建立，人民健康和医疗卫生水平大幅提高，保障性住房建设稳步推进。社会治理体系更加完善，社会大局保持稳定，国家安全全面加强。

生态文明建设成效显著。大力度推进生态文明建设，全党全国贯彻绿色发展理念的自觉性和主动性显著增强，忽视生态环境保护的状况明显改变。生态文明制度体系加快形成，主体功能区制度逐步健全，国家公园体制试点积极推进。全面节约资源有效推进，能源资源消耗强度大幅下降。重大生态保护和修复工程进展顺利，森林覆盖率持续提高。生态环境治理明显加强，环境状况得到改善。引导应对气候变化国际合作，成为全球生态文明建设的重要参与者、贡献者、引领者。

强军兴军开创新局面。着眼于实现中国梦强军梦，制定新形势下军事战略方针，全力推进国防和军队现代化。召开古田全军政治工作会议，恢复和发扬我党我军光荣传统和优良作风，人民军队政治生态得到有效治理。国防和军队改革取得历史性突破，形成军委管总、战区主战、军种主建新格局，人民军队组织架构和力量体系实现革命性重塑。加强练兵备战，有效遂行海上维权、反恐维稳、抢险救灾、国际维和、亚丁湾护航、人道主义救援等重大任务，武器装备加快发展，军事斗争准备取得重大进展。人民军队在中国特色强军之路上迈出坚定步伐。

港澳台工作取得新进展。全面准确贯彻"一国两制"方针，牢牢掌握宪法和基本法赋予的中央对香港、澳门全面管治权，深化内地和港澳地区交流合作，保持香港、澳门繁荣稳定。坚持一个中国原则和"九二共识"，推动两岸关系和平发展，加强两岸经济文化交流合作，实现两岸领导人历史性会晤。妥善应对台湾局势变化，坚决反对和遏制"台独"分裂势力，有力维护台海和平稳定。

全方位外交布局深入展开。全面推进中国特色大国外交，形成全方位、多层次、立体化的外交布局，为我国发展营造了良好外部条件。实施共建"一带一路"倡议，发起创办亚洲基础设施投资银行，设立丝路基金，举办首届"一带一路"国际合作高峰论坛、亚太经合组织领导人非正式会议、二十国集团领导人杭州峰会、金砖国家领导人厦门会晤、亚信峰会。倡导构建人类命运共同体，促进全球治理体系变革。我国国际影响力、感召力、塑造力进一步提高，为世界和平与发展作出新的重大贡献。

全面从严治党成效卓著。全面加强党的领导和党的建设，坚决改变管党治党宽松软状况。推动全党尊崇党章，增强政治意识、大局意识、核心意识、看齐意识，坚决维护党中央权威和集中统一领导，严明党的政治纪律和政治规矩，层层落实管党治党政治责任。坚持照镜子、正衣冠、洗洗澡、治治病的要求,开展党的群众路线教育实践活动和"三严三实"专题教育,推进"两学一做"学习教育常态化制度化,全党理想信念更加坚定、党性更加坚强。贯彻新时期好干部标准,选人用人状况和风气明显好转。党的建设制度改革深入推进,党内法规制度体系不断完善。把纪律挺在前面,着力解决人民群众反映最强烈、对党的执政基础威胁最大的突出问题。出台中央八项规定,严厉整治形式主义、官僚主义、享乐主义和奢靡之风,坚决反对特权。巡视利剑作用彰显,实现中央和省级党委巡视全覆盖。坚持反腐败无禁区、全覆盖、零容忍,坚定不移"打虎"、"拍蝇"、"猎狐",不敢腐的目标初步实现,不能腐的笼子越扎越牢,不想腐的堤坝正在构筑,反腐败斗争压倒性态势已经形成并巩固发展。

五年来的成就是全方位的、开创性的,五年来的变革是深层次的、根本性的。五年来,我们党以巨大的政治勇气和强烈的责任担当,提出一系列新理念新思想新战略,出台一系列重大方针政策,推出一系列重大举措,推进一系列重大工作,解决了许多长期想解决而没有解决的难题,办成了许多过去想办而没有办成的大事,推动党和国家事业发生历史性变革。这些历史性变革,对党和国家事业发展具有重大而深远的影响。

五年来,我们勇于面对党面临的重大风险考验和党内存在的突出问题,以顽强意志品质正风肃纪、反腐惩恶,消除了党和国家内部存在的严重隐患，党内政治生活气象更新，党内政治生态明显好转，党的创造力、凝聚力、战斗力显著增强，党的团结统一更加巩固，党群关系明显改善，党在革命性锻造中更加坚强，焕发出新的强大生机活力，为党和国家事业发展提供了坚强政治保证。

同时，必须清醒看到，我们的工作还存在许多不足，也面临不少困难和挑战。主要是：发展不平衡不充分的一些突出问题尚未解决，发展质量和效益还不高，创新能力不够强，实体经济水平有待提高，生态环境保护任重道远；民生领域还有不少短板，脱贫攻坚任务艰巨，城乡区域发展和收入分配差距依然较大，群众在就业、教育、医疗、居住、养老等方面面临不少难题；社会文明水平尚需提高；社会矛盾和问题交织叠加，全面依法治国任务依然繁重，国家治理体系和治理能力有待加强；意识形态领域斗争依然复杂，国家安全面临新情况；一些改革部署和重大政策措施需要进一步落实；党的建设方面还存在不少薄弱环节。这些问题，必须着力加以解决。

五年来的成就，是党中央坚强领导的结果，更是全党全国各族人民共同奋斗的结果。我代表中共中央，向全国各族人民，向各民主党派、各人民团体和各界爱国人士，向香港特别行政区同胞、澳门特别行政区同胞和台湾同胞以及广大侨胞，向关心和支持中国现代化建设的各国朋友，表示衷心的感谢！

同志们！改革开放之初，我们党发出了走自己的路、建设中国特色社会主义的伟大号召。从那时以来，我们党团结带领全国各族人民不懈奋斗，推动我国经济实力、科技实力、国防实力、综合国力进入世界前列，推动我国国际地位实现前所未有的提升，党的面貌、国家的面貌、人民的面貌、军队的面貌、中华民族的面貌发生了前所未有的变化，中华民族正以崭新姿态屹立于世界的东方。

经过长期努力，中国特色社会主义进入了新时代，这是我国发展新的历史方位。

中国特色社会主义进入新时代，意味着近代以来久经磨难的中华民族迎来了从站起来、富起来到强起来的伟大飞跃，迎来了实现中华民族伟大复兴的光明前景；意味着科学社会主义在二十一世纪的中国焕发出强大生机活力，在世界上高高举起了中国特色社会主义伟大旗帜；意味着中国特色社会主义道路、理论、制度、文化不断发展，拓展了发展中国家走向现代化的途径，给世界上那些既希望加快发展又希望保持自身独立性的国家和民族提供了全新选择，为解决人类问题贡献了中国智慧和中国方案。

这个新时代，是承前启后、继往开来、在新的历史条件下继续夺取中国特色社会主义伟大胜利的时代，是决胜全面建成小康社会、进而全面建设社会主义现代化强国的时代，是全国各族人民团结奋斗、不断创造美好生活、逐步实现全体人民共同富裕的时代，是全体中华儿女勠力同心、奋力实现中华民族伟大复兴中国梦的时代,是我国日益走近世界舞台中央、不断为人类作出更大贡献的时代。

中国特色社会主义进入新时代,我国社会主要矛盾已经转化为人民日益增长的美好生活需要和不平衡不充分的发展之间的矛盾。我国稳定解决了十几亿人的温饱问题,总体上实现小康,不久将全面建成小康社会,人民美好生活需要日益广泛,不仅对物质文化生活提出了更高要求,而且在民主、法治、公平、正义、安全、环境等方面的要求日益增长。同时,我国社会生产力水平总体上显著提高,社会生产能力在很多方面进入世界前列,更加突出的问题是发展不平衡不充分,这已经成为满足人民日益增长的美好生活需要的主要制约因素。

必须认识到,我国社会主要矛盾的变化是关系全局的历史性变化,对党和国家工作提出了许多新要求。我们要在继续推动发展的基础上,着力解决好发展不平衡不充分问题,大力提升发展质量和效益,更好满足人民在经济、政治、文化、社会、生态等方面日益增长的需要,更好推动人的全面发展、社会全面进步。

必须认识到,我国社会主要矛盾的变化,没有改变我们对我国社会主义所处历史阶段的判断,我国仍处于并将长期处于社会主义初级阶段的基本国情没有变,我国是世界最大发展中国家的国际地位没有变。全党要牢牢把握社会主义初级阶段这个基本国情,牢牢立足社会主义初级阶段这个最大实际,牢牢坚持党的基本路线这个党和国家的生命线、人民的幸福线,领导和团结全国各族人民,以经济建设为中心,坚持四项基本原则,坚持改革开放,自力更生,艰苦创业,为把我国建设成为富强民主文明和谐美丽的社会主义现代化强国而奋斗。

同志们!中国特色社会主义进入新时代,在中华人民共和国发展史上、中华民族发展史上具有重大意义,在世界社会主义发展史上、人类社会发展史上也具有重大意义。全党要坚定信心、奋发有为,让中国特色社会主义展现出更加强大的生命力!

二、新时代中国共产党的历史使命

一百年前,十月革命一声炮响,给中国送来了马克思列宁主义。中国先进分子从马克思列宁主义的科学真理中看到了解决中国问题的出路。在近代以后中国社会的剧烈运动中,在中国人民反抗封建统治和外来侵略的激烈斗争中,在马克思列宁主义同中国工人运动的结合过程中,一九二一年中国共产党应运而生。从此,中国人民谋求民族独立、人民解放和国家富强、人民幸福的斗争就有了主心骨,中国人民就从精神上由被动转为主动。

中华民族有五千多年的文明历史,创造了灿烂的中华文明,为人类作出了卓越贡献,成为世界上伟大的民族。鸦片战争后,中国陷入内忧外患的黑暗境地,中国人民经历了战乱频仍、山河破碎、民不聊生的深重苦难。为了民族复兴，无数仁人志士不屈不挠、前仆后继，进行了可歌可泣的斗争，进行了各式各样的尝试，但终究未能改变旧中国的社会性质和中国人民的悲惨命运。

实现中华民族伟大复兴是近代以来中华民族最伟大的梦想。中国共产党一经成立，就把实现共产主义作为党的最高理想和最终目标，义无反顾肩负起实现中华民族伟大复兴的历史使命，团结带领人民进行了艰苦卓绝的斗争，谱写了气吞山河的壮丽史诗。

我们党深刻认识到，实现中华民族伟大复兴，必须推翻压在中国人民头上的帝国主义、封建主义、官僚资本主义三座大山，实现民族独立、人民解放、国家统一、社会稳定。我们党团结带领人民找到了一条以农村包围城市、武装夺取政权的正确革命道路，进行了二十八年浴血奋战，完成了新民主主义革命，一九四九年建立了中华人民共和国，实现了中国从几千年封建专制政治向人民民主的伟大飞跃。

我们党深刻认识到，实现中华民族伟大复兴，必须建立符合我国实际的先进社会制度。我们党团结带领人民完成社会主义革命，确立社会主义基本制度，推进社会主义建设，完成了中华民族有史以来最为广泛而深刻的社会变革，为当代中国一切发展进步奠定了根本政治前提和制度基础，实现了中华民族由近代不断衰落到根本扭转命运、持续走向繁荣富强的伟大飞跃。

我们党深刻认识到，实现中华民族伟大复兴，必须合乎时代潮流、顺应人民意愿，勇于改革开放，让党和人民事业始终充满奋勇前进的强大动力。我们党团结带领人民进行改革开放新的伟大革命，破除阻碍国家和民族发展的一切思想和体制障碍，开辟了中国特色社会主义道路，使中国大踏步赶上时代。

九十六年来，为了实现中华民族伟大复兴的历史使命，无论是弱小还是强大，无论是顺境还是逆境，我们党都初心不改、矢志不渝，团结带领人民历经千难万险，付出巨大牺牲，敢于面对曲折，勇于修正错误，攻克了一个又一个看似不可攻克的难关，创造了一个又一个彪炳史册的人间奇迹。

同志们！今天，我们比历史上任何时期都更接近、更有信心和能力实现中华民族伟大复兴的目标。

行百里者半九十。中华民族伟大复兴，绝不是轻轻松松、敲锣打鼓就能实现的。全党必须准备付出更为艰巨、更为艰苦的努力。

实现伟大梦想，必须进行伟大斗争。社会是在矛盾运动中前进的，有矛盾就会有斗争。我们党要团结带领人民有效应对重大挑战、抵御重大风险、克服重大阻力、解决重大矛盾，必须进行具有许多新的历史特点的伟大斗争，任何贪图享受、消极懈怠、回避矛盾的思想和行为都是错误的。全党要更加自觉地坚持党的领导和我国社会主义制度，坚决反对一切削弱、歪曲、否定党的领导和我国社会主义制度的言行；

更加自觉地维护人民利益,坚决反对一切损害人民利益、脱离群众的行为;更加自觉地投身改革创新时代潮流,坚决破除一切顽瘴痼疾;更加自觉地维护我国主权、安全、发展利益,坚决反对一切分裂祖国、破坏民族团结和社会和谐稳定的行为;更加自觉地防范各种风险,坚决战胜一切在政治、经济、文化、社会等领域和自然界出现的困难和挑战。全党要充分认识这场伟大斗争的长期性、复杂性、艰巨性,发扬斗争精神,提高斗争本领,不断夺取伟大斗争新胜利。

实现伟大梦想,必须建设伟大工程。这个伟大工程就是我们党正在深入推进的党的建设新的伟大工程。历史已经并将继续证明,没有中国共产党的领导,民族复兴必然是空想。我们党要始终成为时代先锋、民族脊梁,始终成为马克思主义执政党,自身必须始终过硬。全党要更加自觉地坚定党性原则,勇于直面问题,敢于刮骨疗毒,消除一切损害党的先进性和纯洁性的因素,清除一切侵蚀党的健康肌体的病毒,不断增强党的政治领导力、思想引领力、群众组织力、社会号召力,确保我们党永葆旺盛生命力和强大战斗力。

实现伟大梦想,必须推进伟大事业。中国特色社会主义是改革开放以来党的全部理论和实践的主题,是党和人民历尽千辛万苦、付出巨大代价取得的根本成就。中国特色社会主义道路是实现社会主义现代化、创造人民美好生活的必由之路,中国特色社会主义理论体系是指导党和人民实现中华民族伟大复兴的正确理论,中国特色社会主义制度是当代中国发展进步的根本制度保障，中国特色社会主义文化是激励全党全国各族人民奋勇前进的强大精神力量。全党要更加自觉地增强道路自信、理论自信、制度自信、文化自信，既不走封闭僵化的老路，也不走改旗易帜的邪路，保持政治定力，坚持实干兴邦，始终坚持和发展中国特色社会主义。

伟大斗争，伟大工程，伟大事业，伟大梦想，紧密联系、相互贯通、相互作用，其中起决定性作用的是党的建设新的伟大工程。推进伟大工程，要结合伟大斗争、伟大事业、伟大梦想的实践来进行，确保党在世界形势深刻变化的历史进程中始终走在时代前列，在应对国内外各种风险和考验的历史进程中始终成为全国人民的主心骨，在坚持和发展中国特色社会主义的历史进程中始终成为坚强领导核心。

同志们！使命呼唤担当，使命引领未来。我们要不负人民重托、无愧历史选择，在新时代中国特色社会主义的伟大实践中，以党的坚强领导和顽强奋斗，激励全体中华儿女不断奋进，凝聚起同心共筑中国梦的磅礴力量！

三、新时代中国特色社会主义思想和基本方略

十八大以来，国内外形势变化和我国各项事业发展都给我们提出了一个重大时代课题，这就是必须从理论和实践结合上系统回答新时代坚持和发展什么样的中国特色社会主义、怎样坚持和发展中国特色社会主义，包括新时代坚持和发展中国特色社会主义的总目标、总任务、总体布局、战略

布局和发展方向、发展方式、发展动力、战略步骤、外部条件、政治保证等基本问题，并且要根据新的实践对经济、政治、法治、科技、文化、教育、民生、民族、宗教、社会、生态文明、国家安全、国防和军队、"一国两制"和祖国统一、统一战线、外交、党的建设等各方面作出理论分析和政策指导，以利于更好坚持和发展中国特色社会主义。

围绕这个重大时代课题，我们党坚持以马克思列宁主义、毛泽东思想、邓小平理论、"三个代表"重要思想、科学发展观为指导，坚持解放思想、实事求是、与时俱进、求真务实，坚持辩证唯物主义和历史唯物主义，紧密结合新的时代条件和实践要求，以全新的视野深化对共产党执政规律、社会主义建设规律、人类社会发展规律的认识，进行艰辛理论探索，取得重大理论创新成果，形成了新时代中国特色社会主义思想。

新时代中国特色社会主义思想，明确坚持和发展中国特色社会主义，总任务是实现社会主义现代化和中华民族伟大复兴，在全面建成小康社会的基础上，分两步走在本世纪中叶建成富强民主文明和谐美丽的社会主义现代化强国；明确新时代我国社会主要矛盾是人民日益增长的美好生活需要和不平衡不充分的发展之间的矛盾，必须坚持以人民为中心的发展思想，不断促进人的全面发展、全体人民共同富裕；明确中国特色社会主义事业总体布局是"五位一体"、战略布局是"四个全面"，强调坚定道路自信、理论自信、制度自信、文化自信；明确全面深化改革总目标是完善和发展中国特色社会主义制度、推进国家治理体系和治理能力现代化；明确全面推进依法治国总目标是建设中国特色社会主义法治体系、建设社会主义法治国家；明确党在新时代的强军目标是建设一支听党指挥、能打胜仗、作风优良的人民军队，把人民军队建设成为世界一流军队；明确中国特色大国外交要推动构建新型国际关系，推动构建人类命运共同体；明确中国特色社会主义最本质的特征是中国共产党领导，中国特色社会主义制度的最大优势是中国共产党领导，党是最高政治领导力量，提出新时代党的建设总要求，突出政治建设在党的建设中的重要地位。

新时代中国特色社会主义思想，是对马克思列宁主义、毛泽东思想、邓小平理论、"三个代表"重要思想、科学发展观的继承和发展，是马克思主义中国化最新成果，是党和人民实践经验和集体智慧的结晶，是中国特色社会主义理论体系的重要组成部分，是全党全国人民为实现中华民族伟大复兴而奋斗的行动指南，必须长期坚持并不断发展。

全党要深刻领会新时代中国特色社会主义思想的精神实质和丰富内涵，在各项工作中全面准确贯彻落实。

（一）坚持党对一切工作的领导。党政军民学，东西南北中，党是领导一切的。必须增强政治意识、大局意识、核心意识、看齐意识，自觉维护党中央权威和集中统一领导，自觉在思想上政治上行动上同党中央保持高度一致，完善坚持党的领导的体制机制,坚持稳中求进工作总基调,统筹推进"五位一体"总体布局,协调推进"四个全面"战略布局,提高党把方向、谋大局、定政策、促改革的能力和定力,确保党始终总揽全局、协调各方。

（二）坚持以人民为中心。人民是历史的创造者,是决定党和国家前途命运的根本力量。必须坚持人民主体地位,坚持立党为公、执政为民,践行全心全意为人民服务的根本宗旨,把党的群众路线贯彻到治国理政全部活动之中,把人民对美好生活的向往作为奋斗目标,依靠人民创造历史伟业。

（三）坚持全面深化改革。只有社会主义才能救中国,只有改革开放才能发展中国、发展社会主义、发展马克思主义。必须坚持和完善中国特色社会主义制度,不断推进国家治理体系和治理能力现代化,坚决破除一切不合时宜的思想观念和体制机制弊端,突破利益固化的藩篱,吸收人类文明有益成果,构建系统完备、科学规范、运行有效的制度体系,充分发挥我国社会主义制度优越性。

（四）坚持新发展理念。发展是解决我国一切问题的基础和关键,发展必须是科学发展,必须坚定不移贯彻创新、协调、绿色、开放、共享的发展理念。必须坚持和完善我国社会主义基本经济制度和分配制度,毫不动摇巩固和发展公有制经济,毫不动摇鼓励、支持、引导非公有制经济发展,使市场在资源配置中起决定性作用,更好发挥政府作用,推动新型工业化、信息化、城镇化、农业现代化同步发展,主动参与和推动经济全球化进程，发展更高层次的开放型经济，不断壮大我国经济实力和综合国力。

（五）坚持人民当家作主。 坚持党的领导、人民当家作主、依法治国有机统一是社会主义政治发展的必然要求。必须坚持中国特色社会主义政治发展道路，坚持和完善人民代表大会制度、中国共产党领导的多党合作和政治协商制度、民族区域自治制度、基层群众自治制度，巩固和发展最广泛的爱国统一战线，发展社会主义协商民主，健全民主制度，丰富民主形式，拓宽民主渠道，保证人民当家作主落实到国家政治生活和社会生活之中。

（六）坚持全面依法治国。 全面依法治国是中国特色社会主义的本质要求和重要保障。必须把党的领导贯彻落实到依法治国全过程和各方面，坚定不移走中国特色社会主义法治道路，完善以宪法为核心的中国特色社会主义法律体系，建设中国特色社会主义法治体系，建设社会主义法治国家，发展中国特色社会主义法治理论，坚持依法治国、依法执政、依法行政共同推进，坚持法治国家、法治政府、法治社会一体建设，坚持依法治国和以德治国相结合，依法治国和依规治党有机统一，深化司法体制改革，提高全民族法治素养和道德素质。

（七）坚持社会主义核心价值体系。 文化自信是一个国家、一个民族发展中更基本、更深沉、更持久的力量。必须坚持马克思主义，牢固树立共产主义远大理想和中国特色社会主义共同理想，培育和践行社会主义核心价值观，不断增强意识形态领域主导权和话语权，推动中华优秀传统文化创造性转化、创新性发展，继承革命文化，发展社会主义先进文化，不忘本来、吸收外来、面向未来，更好构筑中国精神、中国价值、中国力量，为人民提供精神指引。

（八）**坚持在发展中保障和改善民生**。增进民生福祉是发展的根本目的。必须多谋民生之利、多解民生之忧，在发展中补齐民生短板、促进社会公平正义，在幼有所育、学有所教、劳有所得、病有所医、老有所养、住有所居、弱有所扶上不断取得新进展，深入开展脱贫攻坚，保证全体人民在共建共享发展中有更多获得感，不断促进人的全面发展、全体人民共同富裕。建设平安中国，加强和创新社会治理，维护社会和谐稳定，确保国家长治久安、人民安居乐业。

（九）**坚持人与自然和谐共生**。建设生态文明是中华民族永续发展的千年大计。必须树立和践行绿水青山就是金山银山的理念，坚持节约资源和保护环境的基本国策，像对待生命一样对待生态环境，统筹山水林田湖草系统治理，实行最严格的生态环境保护制度，形成绿色发展方式和生活方式，坚定走生产发展、生活富裕、生态良好的文明发展道路，建设美丽中国，为人民创造良好生产生活环境，为全球生态安全作出贡献。

（十）**坚持总体国家安全观**。统筹发展和安全，增强忧患意识，做到居安思危，是我们党治国理政的一个重大原则。

必须坚持国家利益至上，以人民安全为宗旨，以政治安全为根本，统筹外部安全和内部安全、国土安全和国民安全、传统安全和非传统安全、自身安全和共同安全，完善国家安全制度体系，加强国家安全能力建设，坚决维护国家主权、安全、发展利益。

（十一）坚持党对人民军队的绝对领导。建设一支听党指挥、能打胜仗、作风优良的人民军队，是实现"两个一百年"奋斗目标、实现中华民族伟大复兴的战略支撑。必须全面贯彻党领导人民军队的一系列根本原则和制度，确立新时代党的强军思想在国防和军队建设中的指导地位，坚持政治建军、改革强军、科技兴军、依法治军，更加注重聚焦实战，更加注重创新驱动，更加注重体系建设，更加注重集约高效，更加注重军民融合，实现党在新时代的强军目标。

（十二）坚持"一国两制"和推进祖国统一。保持香港、澳门长期繁荣稳定，实现祖国完全统一，是实现中华民族伟大复兴的必然要求。必须把维护中央对香港、澳门特别行政区全面管治权和保障特别行政区高度自治权有机结合起来，确保"一国两制"方针不会变、不动摇，确保"一国两制"实践不变形、不走样。必须坚持一个中国原则，坚持"九二共识"，推动两岸关系和平发展，深化两岸经济合作和文化往来，推动两岸同胞共同反对一切分裂国家的活动，共同为实现中华民族伟大复兴而奋斗。

（十三）坚持推动构建人类命运共同体。中国人民的梦想同各国人民的梦想息息相通,实现中国梦离不开和平的国际环境和稳定的国际秩序。必须统筹国内国际两个大局,始终不渝走和平发展道路、奉行互利共赢的开放战略,坚持正确义利观,树立共同、综合、合作、可持续的新安全观,谋求开放创新、包容互惠的发展前景,促进和而不同、兼收并蓄的文明交流,构筑尊崇自然、绿色发展的生态体系,始终做世界和平的建设者、全球发展的贡献者、国际秩序的维护者。

(十四)**坚持全面从严治党**。勇于自我革命,从严管党治党,是我们党最鲜明的品格。必须以党章为根本遵循,把党的政治建设摆在首位,思想建党和制度治党同向发力,统筹推进党的各项建设,抓住"关键少数",坚持"三严三实",坚持民主集中制,严肃党内政治生活,严明党的纪律,强化党内监督,发展积极健康的党内政治文化,全面净化党内政治生态,坚决纠正各种不正之风,以零容忍态度惩治腐败,不断增强党自我净化、自我完善、自我革新、自我提高的能力,始终保持党同人民群众的血肉联系。

以上十四条,构成新时代坚持和发展中国特色社会主义的基本方略。全党同志必须全面贯彻党的基本理论、基本路线、基本方略,更好引领党和人民事业发展。

实践没有止境,理论创新也没有止境。世界每时每刻都在发生变化,中国也每时每刻都在发生变化,我们必须在理论上跟上时代,不断认识规律,不断推进理论创新、实践创新、制度创新、文化创新以及其他各方面创新。

同志们！时代是思想之母，实践是理论之源。只要我们善于聆听时代声音，勇于坚持真理、修正错误，二十一世纪中国的马克思主义一定能够展现出更强大、更有说服力的真理力量！

四、决胜全面建成小康社会，
开启全面建设社会主义现代化国家新征程

改革开放之后，我们党对我国社会主义现代化建设作出战略安排，提出"三步走"战略目标。解决人民温饱问题、人民生活总体上达到小康水平这两个目标已提前实现。在这个基础上，我们党提出，到建党一百年时建成经济更加发展、民主更加健全、科教更加进步、文化更加繁荣、社会更加和谐、人民生活更加殷实的小康社会，然后再奋斗三十年，到新中国成立一百年时，基本实现现代化，把我国建成社会主义现代化国家。

从现在到二〇二〇年，是全面建成小康社会决胜期。要按照十六大、十七大、十八大提出的全面建成小康社会各项要求，紧扣我国社会主要矛盾变化，统筹推进经济建设、政治建设、文化建设、社会建设、生态文明建设，坚定实施科教兴国战略、人才强国战略、创新驱动发展战略、乡村振兴战略、区域协调发展战略、可持续发展战略、军民融合发展战略，突出抓重点、补短板、强弱项，特别是要坚决打好防范化解重大风险、精准脱贫、污染防治的攻坚战，使全面建

成小康社会得到人民认可、经得起历史检验。

从十九大到二十大，是"两个一百年"奋斗目标的历史交汇期。我们既要全面建成小康社会、实现第一个百年奋斗目标，又要乘势而上开启全面建设社会主义现代化国家新征程，向第二个百年奋斗目标进军。

综合分析国际国内形势和我国发展条件，从二〇二〇年到本世纪中叶可以分两个阶段来安排。

第一个阶段，从二〇二〇年到二〇三五年，在全面建成小康社会的基础上，再奋斗十五年，基本实现社会主义现代化。到那时，我国经济实力、科技实力将大幅跃升，跻身创新型国家前列；人民平等参与、平等发展权利得到充分保障，法治国家、法治政府、法治社会基本建成，各方面制度更加完善，国家治理体系和治理能力现代化基本实现；社会文明程度达到新的高度，国家文化软实力显著增强，中华文化影响更加广泛深入；人民生活更为宽裕，中等收入群体比例明显提高，城乡区域发展差距和居民生活水平差距显著缩小，基本公共服务均等化基本实现，全体人民共同富裕迈出坚实步伐；现代社会治理格局基本形成，社会充满活力又和谐有序；生态环境根本好转，美丽中国目标基本实现。

第二个阶段，从二〇三五年到本世纪中叶，在基本实现现代化的基础上，再奋斗十五年，把我国建成富强民主文明和谐美丽的社会主义现代化强国。到那时，我国物质文明、政治文明、精神文明、社会文明、生态文明将全面提升，实现国家治理体系和治理能力现代化，成为综合国力和国际影响力领先的国家，全体人民共同富裕基本实现，我国人民将享有更加幸福安康的生活，中华民族将以更加昂扬的姿态屹立于世界民族之林。

同志们！从全面建成小康社会到基本实现现代化，再到全面建成社会主义现代化强国，是新时代中国特色社会主义发展的战略安排。我们要坚忍不拔、锲而不舍，奋力谱写社会主义现代化新征程的壮丽篇章！

五、贯彻新发展理念，建设现代化经济体系

实现"两个一百年"奋斗目标、实现中华民族伟大复兴的中国梦，不断提高人民生活水平，必须坚定不移把发展作为党执政兴国的第一要务，坚持解放和发展社会生产力，坚持社会主义市场经济改革方向，推动经济持续健康发展。

我国经济已由高速增长阶段转向高质量发展阶段，正处在转变发展方式、优化经济结构、转换增长动力的攻关期，建设现代化经济体系是跨越关口的迫切要求和我国发展的战略目标。必须坚持质量第一、效益优先，以供给侧结构性改革为主线，推动经济发展质量变革、效率变革、动力变革，提高全要素生产率，着力加快建设实体经济、科技创新、现代金融、人力资源协同发展的产业体系，着力构建市场机制有效、微观主体有活力、宏观调控有度的经济体制，不断增强我国经济创新力和竞争力。

（一）**深化供给侧结构性改革**。建设现代化经济体系，必须把发展经济的着力点放在实体经济上，把提高供给体系质量作为主攻方向，显著增强我国经济质量优势。加快建设制造强国，加快发展先进制造业，推动互联网、大数据、人工智能和实体经济深度融合，在中高端消费、创新引领、绿色低碳、共享经济、现代供应链、人力资本服务等领域培育新增长点、形成新动能。支持传统产业优化升级，加快发展现代服务业，瞄准国际标准提高水平。促进我国产业迈向全球价值链中高端，培育若干世界级先进制造业集群。加强水利、铁路、公路、水运、航空、管道、电网、信息、物流等基础设施网络建设。坚持去产能、去库存、去杠杆、降成本、补短板，优化存量资源配置，扩大优质增量供给，实现供需动态平衡。激发和保护企业家精神，鼓励更多社会主体投身创新创业。建设知识型、技能型、创新型劳动者大军，弘扬劳模精神和工匠精神，营造劳动光荣的社会风尚和精益求精的敬业风气。

（二）**加快建设创新型国家**。创新是引领发展的第一动力，是建设现代化经济体系的战略支撑。要瞄准世界科技前沿，强化基础研究，实现前瞻性基础研究、引领性原创成果重大突破。加强应用基础研究，拓展实施国家重大科技项目，突出关键共性技术、前沿引领技术、现代工程技术、颠覆性技术创新，为建设科技强国、质量强国、航天强国、网络强国、交通强国、数字中国、智慧社会提供有力支撑。加强国家创新体系建设，强化战略科技力量。深化科技体制改革，建立以企业为主体、市场为导向、产学研深度融合的技术创新体系，加强对中小企业创新的支持，促进科技成果转化。倡导创新文化，强化知识产权创造、保护、运用。培养造就一大批具有国际水平的战略科技人才、科技领军人才、青年科技人才和高水平创新团队。

（三）**实施乡村振兴战略。**农业农村农民问题是关系国计民生的根本性问题，必须始终把解决好"三农"问题作为全党工作重中之重。要坚持农业农村优先发展，按照产业兴旺、生态宜居、乡风文明、治理有效、生活富裕的总要求，建立健全城乡融合发展体制机制和政策体系，加快推进农业农村现代化。巩固和完善农村基本经营制度，深化农村土地制度改革，完善承包地"三权"分置制度。保持土地承包关系稳定并长久不变，第二轮土地承包到期后再延长三十年。深化农村集体产权制度改革，保障农民财产权益，壮大集体经济。确保国家粮食安全，把中国人的饭碗牢牢端在自己手中。构建现代农业产业体系、生产体系、经营体系，完善农业支持保护制度，发展多种形式适度规模经营，培育新型农业经营主体，健全农业社会化服务体系，实现小农户和现代农业发展有机衔接。促进农村一二三产业融合发展，支持和鼓励农民就业创业，拓宽增收渠道。加强农村基层基础工作，健全自治、法治、德治相结合的乡村治理体系。培养造就一支懂农业、爱农村、爱农民的"三农"工作队伍。

（四）实施区域协调发展战略。加大力度支持革命老区、民族地区、边疆地区、贫困地区加快发展，强化举措推进西部大开发形成新格局，深化改革加快东北等老工业基地振兴，发挥优势推动中部地区崛起，创新引领率先实现东部地区优化发展，建立更加有效的区域协调发展新机制。以城市群为主体构建大中小城市和小城镇协调发展的城镇格局，加快农业转移人口市民化。以疏解北京非首都功能为"牛鼻子"推动京津冀协同发展，高起点规划、高标准建设雄安新区。以共抓大保护、不搞大开发为导向推动长江经济带发展。支持资源型地区经济转型发展。加快边疆发展，确保边疆巩固、边境安全。坚持陆海统筹，加快建设海洋强国。

（五）加快完善社会主义市场经济体制。经济体制改革必须以完善产权制度和要素市场化配置为重点，实现产权有效激励、要素自由流动、价格反应灵活、竞争公平有序、企业优胜劣汰。要完善各类国有资产管理体制，改革国有资本授权经营体制，加快国有经济布局优化、结构调整、战略性重组，促进国有资产保值增值，推动国有资本做强做优做大，有效防止国有资产流失。深化国有企业改革，发展混合所有制经济，培育具有全球竞争力的世界一流企业。全面实施市场准入负面清单制度，清理废除妨碍统一市场和公平竞争的各种规定和做法，支持民营企业发展，激发各类市场主体活力。深化商事制度改革，打破行政性垄断，防止市场垄断，加快要素价格市场化改革，放宽服务业准入限制，完善市监管体制。创新和完善宏观调控，发挥国家发展规划的战略导向作用，健全财政、货币、产业、区域等经济政策协调机制。完善促进消费的体制机制，增强消费对经济发展的基础性作用。深化投融资体制改革，发挥投资对优化供给结构的关键性作用。加快建立现代财政制度，建立权责清晰、财力协调、区域均衡的中央和地方财政关系。建立全面规范透明、标准科学、约束有力的预算制度，全面实施绩效管理。深化税收制度改革，健全地方税体系。深化金融体制改革，增强金融服务实体经济能力，提高直接融资比重，促进多层次资本市场健康发展。健全货币政策和宏观审慎政策双支柱调控框架，深化利率和汇率市场化改革。健全金融监管体系，守住不发生系统性金融风险的底线。

（六）推动形成全面开放新格局。开放带来进步，封闭必然落后。中国开放的大门不会关闭，只会越开越大。要以"一带一路"建设为重点，坚持引进来和走出去并重，遵循共商共建共享原则，加强创新能力开放合作，形成陆海内外联动、东西双向互济的开放格局。拓展对外贸易，培育贸易新业态新模式，推进贸易强国建设。实行高水平的贸易和投资自由化便利化政策，全面实行准入前国民待遇加负面清单管理制度，大幅度放宽市场准入，扩大服务业对外开放，保护外商投资合法权益。凡是在我国境内注册的企业，都要一视同仁、平等对待。优化区域开放布局，加大西部开放力度。赋予自由贸易试验区更大改革自主权，探索建设自由贸易港。

创新对外投资方式，促进国际产能合作，形成面向全球的贸易、投融资、生产、服务网络，加快培育国际经济合作和竞争新优势。

同志们！解放和发展社会生产力，是社会主义的本质要求。我们要激发全社会创造力和发展活力，努力实现更高质量、更有效率、更加公平、更可持续的发展！

六、健全人民当家作主制度体系，发展社会主义民主政治

我国是工人阶级领导的、以工农联盟为基础的人民民主专政的社会主义国家，国家一切权力属于人民。我国社会主义民主是维护人民根本利益的最广泛、最真实、最管用的民主。发展社会主义民主政治就是要体现人民意志、保障人民权益、激发人民创造活力，用制度体系保证人民当家作主。

中国特色社会主义政治发展道路，是近代以来中国人民长期奋斗历史逻辑、理论逻辑、实践逻辑的必然结果，是坚持党的本质属性、践行党的根本宗旨的必然要求。世界上没有完全相同的政治制度模式，政治制度不能脱离特定社会政治条件和历史文化传统来抽象评判，不能定于一尊，不能生搬硬套外国政治制度模式。要长期坚持、不断发展我国社会主义民主政治，积极稳妥推进政治体制改革，推进社会主义民主政治制度化、规范化、程序化，保证人民依法通过各种途径和形式管理国家事务，管理经济文化事业，管理社会事务，巩固和发展生动活泼、安定团结的政治局面。

（一）坚持党的领导、人民当家作主、依法治国有机统一。党的领导是人民当家作主和依法治国的根本保证，人民当家作主是社会主义民主政治的本质特征，依法治国是党领导人民治理国家的基本方式，三者统一于我国社会主义民主政治伟大实践。在我国政治生活中，党是居于领导地位的，加强党的集中统一领导，支持人大、政府、政协和法院、检察院依法依章程履行职能、开展工作、发挥作用，这两个方面是统一的。要改进党的领导方式和执政方式，保证党领导人民有效治理国家；扩大人民有序政治参与，保证人民依法实行民主选举、民主协商、民主决策、民主管理、民主监督；维护国家法制统一、尊严、权威，加强人权法治保障，保证人民依法享有广泛权利和自由。巩固基层政权，完善基层民主制度，保障人民知情权、参与权、表达权、监督权。健全依法决策机制，构建决策科学、执行坚决、监督有力的权力运行机制。各级领导干部要增强民主意识，发扬民主作风，接受人民监督，当好人民公仆。

（二）加强人民当家作主制度保障。人民代表大会制度是坚持党的领导、人民当家作主、依法治国有机统一的根本政治制度安排，必须长期坚持、不断完善。要支持和保证人民通过人民代表大会行使国家权力。发挥人大及其常委会在立法工作中的主导作用，健全人大组织制度和工作制度，支持和保证人大依法行使立法权、监督权、决定权、任免权，更好发挥人大代表作用，使各级人大及其常委会成为全面担负起宪法法律赋予的各项职责的工作机关，成为同人民群众保持密切联系的代表机关。完善人大专门委员会设置，优化人大常委会和专门委员会组成人员结构。

（三）发挥社会主义协商民主重要作用。有事好商量，众人的事情由众人商量，是人民民主的真谛。协商民主是实现党的领导的重要方式，是我国社会主义民主政治的特有形式和独特优势。要推动协商民主广泛、多层、制度化发展，统筹推进政党协商、人大协商、政府协商、政协协商、人民团体协商、基层协商以及社会组织协商。加强协商民主制度建设，形成完整的制度程序和参与实践，保证人民在日常政治生活中有广泛持续深入参与的权利。

人民政协是具有中国特色的制度安排，是社会主义协商民主的重要渠道和专门协商机构。人民政协工作要聚焦党和国家中心任务，围绕团结和民主两大主题，把协商民主贯穿政治协商、民主监督、参政议政全过程，完善协商议政内容和形式，着力增进共识、促进团结。加强人民政协民主监督，重点监督党和国家重大方针政策和重要决策部署的贯彻落实。增强人民政协界别的代表性，加强委员队伍建设。

（四）深化依法治国实践。全面依法治国是国家治理的一场深刻革命，必须坚持厉行法治，推进科学立法、严格执法、公正司法、全民守法。成立中央全面依法治国领导小组，加强对法治中国建设的统一领导。加强宪法实施和监督，推进合宪性审查工作，维护宪法权威。推进科学立法、民主立法、依法立法，以良法促进发展、保障善治。建设法治政府，推进依法行政，严格规范公正文明执法。深化司法体制综合配套改革，全面落实司法责任制，努力让人民群众在每一个司法案件中感受到公平正义。加大全民普法力度，建设社会主义法治文化，树立宪法法律至上、法律面前人人平等的法治理念。各级党组织和全体党员要带头尊法学法守法用法，任何组织和个人都不得有超越宪法法律的特权，绝不允许以言代法、以权压法、逐利违法、徇私枉法。

（五）深化机构和行政体制改革。统筹考虑各类机构设置，科学配置党政部门及内设机构权力、明确职责。统筹使用各类编制资源，形成科学合理的管理体制，完善国家机构组织法。转变政府职能，深化简政放权，创新监管方式，增强政府公信力和执行力，建设人民满意的服务型政府。赋予省级及以下政府更多自主权。在省市县对职能相近的党政机关探索合并设立或合署办公。深化事业单位改革，强化公益属性，推进政事分开、事企分开、管办分离。

（六）巩固和发展爱国统一战线。统一战线是党的事业取得胜利的重要法宝，必须长期坚持。要高举爱国主义、社会主义旗帜，牢牢把握大团结大联合的主题，坚持一致性和多样性统一，找到最大公约数，画出最大同心圆。坚持长期共存、互相监督、肝胆相照、荣辱与共，支持民主党派按照中国特色社会主义参政党要求更好履行职能。全面贯彻党的民族政策，深化民族团结进步教育，铸牢中华民族共同体意识,加强各民族交往交流交融,促进各民族像石榴籽一样紧紧抱在一起,共同团结奋斗、共同繁荣发展。全面贯彻党的宗教工作基本方针,坚持我国宗教的中国化方向,积极引导宗教与社会主义社会相适应。加强党外知识分子工作,做好新的社会阶层人士工作,发挥他们在中国特色社会主义事业中的重要作用。构建亲清新型政商关系,促进非公有制经济健康发展和非公有制经济人士健康成长。广泛团结联系海外侨胞和归侨侨眷,共同致力于中华民族伟大复兴。

同志们!中国特色社会主义政治制度是中国共产党和中国人民的伟大创造。我们完全有信心、有能力把我国社会主义民主政治的优势和特点充分发挥出来,为人类政治文明进步作出充满中国智慧的贡献!

七、坚定文化自信,推动社会主义文化繁荣兴盛

文化是一个国家、一个民族的灵魂。文化兴国运兴,文化强民族强。没有高度的文化自信,没有文化的繁荣兴盛,就没有中华民族伟大复兴。要坚持中国特色社会主义文化发展道路,激发全民族文化创新创造活力,建设社会主义文化强国。

中国特色社会主义文化,源自于中华民族五千多年文明历史所孕育的中华优秀传统文化,熔铸于党领导人民在革命、建设、改革中创造的革命文化和社会主义先进文化,植根于中国特色社会主义伟大实践。发展中国特色社会主义文化,

就是以马克思主义为指导,坚守中华文化立场,立足当代中国现实,结合当今时代条件,发展面向现代化、面向世界、面向未来的,民族的科学的大众的社会主义文化,推动社会主义精神文明和物质文明协调发展。要坚持为人民服务、为社会主义服务,坚持百花齐放、百家争鸣,坚持创造性转化、创新性发展,不断铸就中华文化新辉煌。

(一)牢牢掌握意识形态工作领导权。意识形态决定文化前进方向和发展道路。必须推进马克思主义中国化时代化大众化,建设具有强大凝聚力和引领力的社会主义意识形态,使全体人民在理想信念、价值理念、道德观念上紧紧团结在一起。要加强理论武装,推动新时代中国特色社会主义思想深入人心。深化马克思主义理论研究和建设,加快构建中国特色哲学社会科学,加强中国特色新型智库建设。坚持正确舆论导向,高度重视传播手段建设和创新,提高新闻舆论传播力、引导力、影响力、公信力。加强互联网内容建设,建立网络综合治理体系,营造清朗的网络空间。落实意识形态工作责任制,加强阵地建设和管理,注意区分政治原则问题、思想认识问题、学术观点问题,旗帜鲜明反对和抵制各种错误观点。

(二)培育和践行社会主义核心价值观。社会主义核心价值观是当代中国精神的集中体现,凝结着全体人民共同的价值追求。要以培养担当民族复兴大任的时代新人为着眼点,强化教育引导、实践养成、制度保障,发挥社会主义核心价值观对国民教育、精神文明创建、精神文化产品创作生产传播的引领作用，把社会主义核心价值观融入社会发展各方面，转化为人们的情感认同和行为习惯。坚持全民行动、干部带头，从家庭做起，从娃娃抓起。深入挖掘中华优秀传统文化蕴含的思想观念、人文精神、道德规范，结合时代要求继承创新，让中华文化展现出永久魅力和时代风采。

（三）加强思想道德建设。人民有信仰，国家有力量，民族有希望。要提高人民思想觉悟、道德水准、文明素养，提高全社会文明程度。广泛开展理想信念教育，深化中国特色社会主义和中国梦宣传教育，弘扬民族精神和时代精神，加强爱国主义、集体主义、社会主义教育，引导人们树立正确的历史观、民族观、国家观、文化观。深入实施公民道德建设工程，推进社会公德、职业道德、家庭美德、个人品德建设，激励人们向上向善、孝老爱亲，忠于祖国、忠于人民。加强和改进思想政治工作，深化群众性精神文明创建活动。弘扬科学精神，普及科学知识，开展移风易俗、弘扬时代新风行动，抵制腐朽落后文化侵蚀。推进诚信建设和志愿服务制度化，强化社会责任意识、规则意识、奉献意识。

（四）繁荣发展社会主义文艺。社会主义文艺是人民的文艺，必须坚持以人民为中心的创作导向，在深入生活、扎根人民中进行无愧于时代的文艺创造。要繁荣文艺创作，坚持思想精深、艺术精湛、制作精良相统一，加强现实题材创作，不断推出讴歌党、讴歌祖国、讴歌人民、讴歌英雄的精品力作。发扬学术民主、艺术民主，提升文艺原创力，推动文艺创新。倡导讲品位、讲格调、讲责任，抵制低俗、庸俗、媚俗。加强文艺队伍建设，造就一大批德艺双馨名家大师，培育一大批高水平创作人才。

（五）推动文化事业和文化产业发展。 满足人民过上美好生活的新期待，必须提供丰富的精神食粮。要深化文化体制改革，完善文化管理体制，加快构建把社会效益放在首位、社会效益和经济效益相统一的体制机制。完善公共文化服务体系，深入实施文化惠民工程，丰富群众性文化活动。加强文物保护利用和文化遗产保护传承。健全现代文化产业体系和市场体系，创新生产经营机制，完善文化经济政策，培育新型文化业态。广泛开展全民健身活动，加快推进体育强国建设，筹办好北京冬奥会、冬残奥会。加强中外人文交流，以我为主、兼收并蓄。推进国际传播能力建设，讲好中国故事，展现真实、立体、全面的中国，提高国家文化软实力。

同志们！中国共产党从成立之日起，既是中国先进文化的积极引领者和践行者，又是中华优秀传统文化的忠实传承者和弘扬者。当代中国共产党人和中国人民应该而且一定能够担负起新的文化使命，在实践创造中进行文化创造，在历史进步中实现文化进步！

八、提高保障和改善民生水平，加强和创新社会治理

全党必须牢记，为什么人的问题，是检验一个政党、一

个政权性质的试金石。带领人民创造美好生活，是我们党始终不渝的奋斗目标。必须始终把人民利益摆在至高无上的地位，让改革发展成果更多更公平惠及全体人民，朝着实现全体人民共同富裕不断迈进。

保障和改善民生要抓住人民最关心最直接最现实的利益问题，既尽力而为，又量力而行，一件事情接着一件事情办，一年接着一年干。坚持人人尽责、人人享有，坚守底线、突出重点、完善制度、引导预期，完善公共服务体系，保障群众基本生活，不断满足人民日益增长的美好生活需要，不断促进社会公平正义，形成有效的社会治理、良好的社会秩序，使人民获得感、幸福感、安全感更加充实、更有保障、更可持续。

（一）**优先发展教育事业**。建设教育强国是中华民族伟大复兴的基础工程，必须把教育事业放在优先位置，深化教育改革，加快教育现代化，办好人民满意的教育。要全面贯彻党的教育方针，落实立德树人根本任务，发展素质教育，推进教育公平，培养德智体美全面发展的社会主义建设者和接班人。推动城乡义务教育一体化发展，高度重视农村义务教育，办好学前教育、特殊教育和网络教育，普及高中阶段教育，努力让每个孩子都能享有公平而有质量的教育。完善职业教育和培训体系，深化产教融合、校企合作。加快一流大学和一流学科建设，实现高等教育内涵式发展。健全学生资助制度，使绝大多数城乡新增劳动力接受高中阶段教育、更多接受高等教育。支持和规范社会力量兴办教育。加强师德师风建设，培养高素质教师队伍，倡导全社会尊师重教。办好继续教育，加快建设学习型社会，大力提高国民素质。

（二）提高就业质量和人民收入水平。就业是最大的民生。要坚持就业优先战略和积极就业政策，实现更高质量和更充分就业。大规模开展职业技能培训，注重解决结构性就业矛盾，鼓励创业带动就业。提供全方位公共就业服务，促进高校毕业生等青年群体、农民工多渠道就业创业。破除妨碍劳动力、人才社会性流动的体制机制弊端，使人人都有通过辛勤劳动实现自身发展的机会。完善政府、工会、企业共同参与的协商协调机制，构建和谐劳动关系。坚持按劳分配原则，完善按要素分配的体制机制，促进收入分配更合理、更有序。鼓励勤劳守法致富，扩大中等收入群体，增加低收入者收入，调节过高收入，取缔非法收入。坚持在经济增长的同时实现居民收入同步增长、在劳动生产率提高的同时实现劳动报酬同步提高。拓宽居民劳动收入和财产性收入渠道。履行好政府再分配调节职能，加快推进基本公共服务均等化，缩小收入分配差距。

（三）加强社会保障体系建设。按照兜底线、织密网、建机制的要求，全面建成覆盖全民、城乡统筹、权责清晰、保障适度、可持续的多层次社会保障体系。全面实施全民参保计划。完善城镇职工基本养老保险和城乡居民基本养老保险制度，尽快实现养老保险全国统筹。完善统一的城乡居民基本医疗保险制度和大病保险制度。完善失业、工伤保险制度。建立全国统一的社会保险公共服务平台。统筹城乡社会救助体系，完善最低生活保障制度。坚持男女平等基本国策，保障妇女儿童合法权益。完善社会救助、社会福利、慈善事业、优抚安置等制度，健全农村留守儿童和妇女、老年人关爱服务体系。发展残疾人事业，加强残疾康复服务。坚持房子是用来住的、不是用来炒的定位，加快建立多主体供给、多渠道保障、租购并举的住房制度，让全体人民住有所居。

（四）坚决打赢脱贫攻坚战。让贫困人口和贫困地区同全国一道进入全面小康社会是我们党的庄严承诺。要动员全党全国全社会力量，坚持精准扶贫、精准脱贫，坚持中央统筹省负总责市县抓落实的工作机制，强化党政一把手负总责的责任制，坚持大扶贫格局，注重扶贫同扶志、扶智相结合，深入实施东西部扶贫协作，重点攻克深度贫困地区脱贫任务，确保到二〇二〇年我国现行标准下农村贫困人口实现脱贫，贫困县全部摘帽，解决区域性整体贫困，做到脱真贫、真脱贫。

（五）实施健康中国战略。人民健康是民族昌盛和国家富强的重要标志。要完善国民健康政策，为人民群众提供全方位全周期健康服务。深化医药卫生体制改革，全面建立中国特色基本医疗卫生制度、医疗保障制度和优质高效的医疗卫生服务体系，健全现代医院管理制度。加强基层医疗卫生服务体系和全科医生队伍建设。全面取消以药养医，健全药品供应保障制度。坚持预防为主，深入开展爱国卫生运动，倡导健康文明生活方式，预防控制重大疾病。实施食品安全战略，让人民吃得放心。坚持中西医并重，传承发展中医药事业。支持社会办医，发展健康产业。促进生育政策和相关经济社会政策配套衔接，加强人口发展战略研究。积极应对人口老龄化，构建养老、孝老、敬老政策体系和社会环境，推进医养结合，加快老龄事业和产业发展。

（六）打造共建共治共享的社会治理格局。加强社会治理制度建设，完善党委领导、政府负责、社会协同、公众参与、法治保障的社会治理体制，提高社会治理社会化、法治化、智能化、专业化水平。加强预防和化解社会矛盾机制建设，正确处理人民内部矛盾。树立安全发展理念，弘扬生命至上、安全第一的思想，健全公共安全体系，完善安全生产责任制，坚决遏制重特大安全事故，提升防灾减灾救灾能力。加快社会治安防控体系建设，依法打击和惩治黄赌毒黑拐骗等违法犯罪活动，保护人民人身权、财产权、人格权。加强社会心理服务体系建设，培育自尊自信、理性平和、积极向上的社会心态。加强社区治理体系建设，推动社会治理重心向基层下移，发挥社会组织作用，实现政府治理和社会调节、居民自治良性互动。

（七）有效维护国家安全。国家安全是安邦定国的重要基石，维护国家安全是全国各族人民根本利益所在。要完善国家安全战略和国家安全政策，坚决维护国家政治安全，统筹推进各项安全工作。健全国家安全体系，加强国家安全法治保障，提高防范和抵御安全风险能力。严密防范和坚决打击各种渗透颠覆破坏活动、暴力恐怖活动、民族分裂活动、宗教极端活动。加强国家安全教育，增强全党全国人民国家安全意识，推动全社会形成维护国家安全的强大合力。

同志们！党的一切工作必须以最广大人民根本利益为最高标准。我们要坚持把人民群众的小事当作自己的大事，从人民群众关心的事情做起，从让人民群众满意的事情做起，带领人民不断创造美好生活！

九、加快生态文明体制改革，建设美丽中国

人与自然是生命共同体，人类必须尊重自然、顺应自然、保护自然。人类只有遵循自然规律才能有效防止在开发利用自然上走弯路，人类对大自然的伤害最终会伤及人类自身，这是无法抗拒的规律。

我们要建设的现代化是人与自然和谐共生的现代化，既要创造更多物质财富和精神财富以满足人民日益增长的美好生活需要，也要提供更多优质生态产品以满足人民日益增长的优美生态环境需要。必须坚持节约优先、保护优先、自然恢复为主的方针，形成节约资源和保护环境的空间格局、产业结构、生产方式、生活方式，还自然以宁静、和谐、美丽。

（一）**推进绿色发展。**加快建立绿色生产和消费的法律制度和政策导向，建立健全绿色低碳循环发展的经济体系。构建市场导向的绿色技术创新体系，发展绿色金融，壮大节

能环保产业、清洁生产产业、清洁能源产业。推进能源生产和消费革命,构建清洁低碳、安全高效的能源体系。推进资源全面节约和循环利用,实施国家节水行动,降低能耗、物耗,实现生产系统和生活系统循环链接。倡导简约适度、绿色低碳的生活方式,反对奢侈浪费和不合理消费,开展创建节约型机关、绿色家庭、绿色学校、绿色社区和绿色出行等行动。

（二）**着力解决突出环境问题**。坚持全民共治、源头防治,持续实施大气污染防治行动,打赢蓝天保卫战。加快水污染防治,实施流域环境和近岸海域综合治理。强化土壤污染管控和修复,加强农业面源污染防治,开展农村人居环境整治行动。加强固体废弃物和垃圾处置。提高污染排放标准,强化排污者责任,健全环保信用评价、信息强制性披露、严惩重罚等制度。构建政府为主导、企业为主体、社会组织和公众共同参与的环境治理体系。积极参与全球环境治理,落实减排承诺。

（三）**加大生态系统保护力度**。实施重要生态系统保护和修复重大工程,优化生态安全屏障体系,构建生态廊道和生物多样性保护网络,提升生态系统质量和稳定性。完成生态保护红线、永久基本农田、城镇开发边界三条控制线划定工作。开展国土绿化行动,推进荒漠化、石漠化、水土流失综合治理,强化湿地保护和恢复,加强地质灾害防治。完善天然林保护制度,扩大退耕还林还草。严格保护耕地,扩大轮作休耕试点，健全耕地草原森林河流湖泊休养生息制度，建立市场化、多元化生态补偿机制。

（四）改革生态环境监管体制。加强对生态文明建设的总体设计和组织领导，设立国有自然资源资产管理和自然生态监管机构，完善生态环境管理制度，统一行使全民所有自然资源资产所有者职责，统一行使所有国土空间用途管制和生态保护修复职责，统一行使监管城乡各类污染排放和行政执法职责。构建国土空间开发保护制度，完善主体功能区配套政策，建立以国家公园为主体的自然保护地体系。坚决制止和惩处破坏生态环境行为。

同志们！生态文明建设功在当代、利在千秋。我们要牢固树立社会主义生态文明观，推动形成人与自然和谐发展现代化建设新格局，为保护生态环境作出我们这代人的努力！

十、坚持走中国特色强军之路，全面推进国防和军队现代化

国防和军队建设正站在新的历史起点上。面对国家安全环境的深刻变化，面对强国强军的时代要求，必须全面贯彻新时代党的强军思想，贯彻新形势下军事战略方针，建设强大的现代化陆军、海军、空军、火箭军和战略支援部队，打造坚强高效的战区联合作战指挥机构，构建中国特色现代作战体系，担当起党和人民赋予的新时代使命任务。

适应世界新军事革命发展趋势和国家安全需求，提高建

设质量和效益，确保到二〇二〇年基本实现机械化，信息化建设取得重大进展，战略能力有大的提升。同国家现代化进程相一致，全面推进军事理论现代化、军队组织形态现代化、军事人员现代化、武器装备现代化，力争到二〇三五年基本实现国防和军队现代化，到本世纪中叶把人民军队全面建成世界一流军队。

加强军队党的建设，开展"传承红色基因、担当强军重任"主题教育，推进军人荣誉体系建设，培养有灵魂、有本事、有血性、有品德的新时代革命军人，永葆人民军队性质、宗旨、本色。继续深化国防和军队改革，深化军官职业化制度、文职人员制度、兵役制度等重大政策制度改革，推进军事管理革命，完善和发展中国特色社会主义军事制度。树立科技是核心战斗力的思想，推进重大技术创新、自主创新，加强军事人才培养体系建设，建设创新型人民军队。全面从严治军，推动治军方式根本性转变，提高国防和军队建设法治化水平。

军队是要准备打仗的，一切工作都必须坚持战斗力标准，向能打仗、打胜仗聚焦。扎实做好各战略方向军事斗争准备，统筹推进传统安全领域和新型安全领域军事斗争准备，发展新型作战力量和保障力量，开展实战化军事训练，加强军事力量运用，加快军事智能化发展，提高基于网络信息体系的联合作战能力、全域作战能力，有效塑造态势、管控危机、遏制战争、打赢战争。

坚持富国和强军相统一，强化统一领导、顶层设计、改革创新和重大项目落实,深化国防科技工业改革,形成军民融合深度发展格局,构建一体化的国家战略体系和能力。完善国防动员体系,建设强大稳固的现代边海空防。组建退役军人管理保障机构,维护军人军属合法权益,让军人成为全社会尊崇的职业。深化武警部队改革,建设现代化武装警察部队。

同志们!我们的军队是人民军队,我们的国防是全民国防。我们要加强全民国防教育,巩固军政军民团结,为实现中国梦强军梦凝聚强大力量!

十一、坚持"一国两制",推进祖国统一

香港、澳门回归祖国以来,"一国两制"实践取得举世公认的成功。事实证明,"一国两制"是解决历史遗留的香港、澳门问题的最佳方案,也是香港、澳门回归后保持长期繁荣稳定的最佳制度。

保持香港、澳门长期繁荣稳定,必须全面准确贯彻"一国两制"、"港人治港"、"澳人治澳"、高度自治的方针,严格依照宪法和基本法办事,完善与基本法实施相关的制度和机制。要支持特别行政区政府和行政长官依法施政、积极作为,团结带领香港、澳门各界人士齐心协力谋发展、促和谐,保障和改善民生,有序推进民主,维护社会稳定,履行维护国家主权、安全、发展利益的宪制责任。

香港、澳门发展同内地发展紧密相连。要支持香港、澳门融入国家发展大局,以粤港澳大湾区建设、粤港澳合

作、泛珠三角区域合作等为重点,全面推进内地同香港、澳门互利合作,制定完善便利香港、澳门居民在内地发展的政策措施。

我们坚持爱国者为主体的"港人治港"、"澳人治澳",发展壮大爱国爱港爱澳力量,增强香港、澳门同胞的国家意识和爱国精神,让香港、澳门同胞同祖国人民共担民族复兴的历史责任、共享祖国繁荣富强的伟大荣光。

解决台湾问题、实现祖国完全统一,是全体中华儿女共同愿望,是中华民族根本利益所在。必须继续坚持"和平统一、一国两制"方针,推动两岸关系和平发展,推进祖国和平统一进程。

一个中国原则是两岸关系的政治基础。体现一个中国原则的"九二共识"明确界定了两岸关系的根本性质,是确保两岸关系和平发展的关键。承认"九二共识"的历史事实,认同两岸同属一个中国,两岸双方就能开展对话,协商解决两岸同胞关心的问题,台湾任何政党和团体同大陆交往也不会存在障碍。

两岸同胞是命运与共的骨肉兄弟,是血浓于水的一家人。我们秉持"两岸一家亲"理念,尊重台湾现有的社会制度和台湾同胞生活方式,愿意率先同台湾同胞分享大陆发展的机遇。我们将扩大两岸经济文化交流合作,实现互利互惠,逐步为台湾同胞在大陆学习、创业、就业、生活提供与大陆同胞同等的待遇,增进台湾同胞福祉。我们将推动两岸同胞共同弘扬中华文化，促进心灵契合。

我们坚决维护国家主权和领土完整，绝不容忍国家分裂的历史悲剧重演。一切分裂祖国的活动都必将遭到全体中国人坚决反对。我们有坚定的意志、充分的信心、足够的能力挫败任何形式的"台独"分裂图谋。我们绝不允许任何人、任何组织、任何政党、在任何时候、以任何形式、把任何一块中国领土从中国分裂出去！

同志们！实现中华民族伟大复兴，是全体中国人共同的梦想。我们坚信，只要包括港澳台同胞在内的全体中华儿女顺应历史大势、共担民族大义，把民族命运牢牢掌握在自己手中，就一定能够共创中华民族伟大复兴的美好未来！

十二、坚持和平发展道路，推动构建人类命运共同体

中国共产党是为中国人民谋幸福的政党，也是为人类进步事业而奋斗的政党。中国共产党始终把为人类作出新的更大的贡献作为自己的使命。

中国将高举和平、发展、合作、共赢的旗帜，恪守维护世界和平、促进共同发展的外交政策宗旨，坚定不移在和平共处五项原则基础上发展同各国的友好合作，推动建设相互尊重、公平正义、合作共赢的新型国际关系。

世界正处于大发展大变革大调整时期，和平与发展仍然是时代主题。世界多极化、经济全球化、社会信息化、文化多样化深入发展，全球治理体系和国际秩序变革加速推进，各国相

互联系和依存日益加深，国际力量对比更趋平衡，和平发展大势不可逆转。同时，世界面临的不稳定性不确定性突出，世界经济增长动能不足，贫富分化日益严重，地区热点问题此起彼伏，恐怖主义、网络安全、重大传染性疾病、气候变化等非传统安全威胁持续蔓延，人类面临许多共同挑战。

我们生活的世界充满希望，也充满挑战。我们不能因现实复杂而放弃梦想，不能因理想遥远而放弃追求。没有哪个国家能够独自应对人类面临的各种挑战，也没有哪个国家能够退回到自我封闭的孤岛。

我们呼吁，各国人民同心协力，构建人类命运共同体，建设持久和平、普遍安全、共同繁荣、开放包容、清洁美丽的世界。要相互尊重、平等协商，坚决摒弃冷战思维和强权政治，走对话而不对抗、结伴而不结盟的国与国交往新路。要坚持以对话解决争端、以协商化解分歧，统筹应对传统和非传统安全威胁，反对一切形式的恐怖主义。要同舟共济，促进贸易和投资自由化便利化，推动经济全球化朝着更加开放、包容、普惠、平衡、共赢的方向发展。要尊重世界文明多样性，以文明交流超越文明隔阂、文明互鉴超越文明冲突、文明共存超越文明优越。要坚持环境友好，合作应对气候变化，保护好人类赖以生存的地球家园。

中国坚定奉行独立自主的和平外交政策，尊重各国人民自主选择发展道路的权利，维护国际公平正义，反对把自己的意志强加于人，反对干涉别国内政，反对以强凌弱。中国决不会以牺牲别国利益为代价来发展自己，也决不放弃自己的正当权益，任何人不要幻想让中国吞下损害自身利益的苦果。中国奉行防御性的国防政策。中国发展不对任何国家构成威胁。中国无论发展到什么程度，永远不称霸，永远不搞扩张。

中国积极发展全球伙伴关系，扩大同各国的利益交汇点，推进大国协调和合作，构建总体稳定、均衡发展的大国关系框架，按照亲诚惠容理念和与邻为善、以邻为伴周边外交方针深化同周边国家关系，秉持正确义利观和真实亲诚理念加强同发展中国家团结合作。加强同各国政党和政治组织的交流合作，推进人大、政协、军队、地方、人民团体等的对外交往。

中国坚持对外开放的基本国策，坚持打开国门搞建设，积极促进"一带一路"国际合作，努力实现政策沟通、设施联通、贸易畅通、资金融通、民心相通，打造国际合作新平台，增添共同发展新动力。加大对发展中国家特别是最不发达国家援助力度，促进缩小南北发展差距。中国支持多边贸易体制，促进自由贸易区建设，推动建设开放型世界经济。

中国秉持共商共建共享的全球治理观，倡导国际关系民主化，坚持国家不分大小、强弱、贫富一律平等，支持联合国发挥积极作用，支持扩大发展中国家在国际事务中的代表性和发言权。中国将继续发挥负责任大国作用，积极参与全球治理体系改革和建设，不断贡献中国智慧和力量。

同志们！世界命运握在各国人民手中，人类前途系于各国人民的抉择。中国人民愿同各国人民一道，推动人类命运共同体建设,共同创造人类的美好未来!

十三、坚定不移全面从严治党,不断提高党的执政能力和领导水平

中国特色社会主义进入新时代,我们党一定要有新气象新作为。打铁必须自身硬。党要团结带领人民进行伟大斗争、推进伟大事业、实现伟大梦想,必须毫不动摇坚持和完善党的领导,毫不动摇把党建设得更加坚强有力。

全面从严治党永远在路上。一个政党,一个政权,其前途命运取决于人心向背。人民群众反对什么、痛恨什么,我们就要坚决防范和纠正什么。全党要清醒认识到,我们党面临的执政环境是复杂的,影响党的先进性、弱化党的纯洁性的因素也是复杂的,党内存在的思想不纯、组织不纯、作风不纯等突出问题尚未得到根本解决。要深刻认识党面临的执政考验、改革开放考验、市场经济考验、外部环境考验的长期性和复杂性,深刻认识党面临的精神懈怠危险、能力不足危险、脱离群众危险、消极腐败危险的尖锐性和严峻性,坚持问题导向,保持战略定力,推动全面从严治党向纵深发展。

新时代党的建设总要求是:坚持和加强党的全面领导,坚持党要管党、全面从严治党,以加强党的长期执政能力建设、先进性和纯洁性建设为主线,以党的政治建设为统领,以坚定理想信念宗旨为根基,以调动全党积极性、主动性、创造性为着力点,全面推进党的政治建设、思想建设、组织

建设、作风建设、纪律建设，把制度建设贯穿其中，深入推进反腐败斗争，不断提高党的建设质量，把党建设成为始终走在时代前列、人民衷心拥护、勇于自我革命、经得起各种风浪考验、朝气蓬勃的马克思主义执政党。

（一）**把党的政治建设摆在首位**。旗帜鲜明讲政治是我们党作为马克思主义政党的根本要求。党的政治建设是党的根本性建设，决定党的建设方向和效果。保证全党服从中央，坚持党中央权威和集中统一领导，是党的政治建设的首要任务。全党要坚定执行党的政治路线，严格遵守政治纪律和政治规矩，在政治立场、政治方向、政治原则、政治道路上同党中央保持高度一致。要尊崇党章，严格执行新形势下党内政治生活若干准则，增强党内政治生活的政治性、时代性、原则性、战斗性，自觉抵制商品交换原则对党内生活的侵蚀，营造风清气正的良好政治生态。完善和落实民主集中制的各项制度，坚持民主基础上的集中和集中指导下的民主相结合，既充分发扬民主，又善于集中统一。弘扬忠诚老实、公道正派、实事求是、清正廉洁等价值观，坚决防止和反对个人主义、分散主义、自由主义、本位主义、好人主义，坚决防止和反对宗派主义、圈子文化、码头文化，坚决反对搞两面派、做两面人。全党同志特别是高级干部要加强党性锻炼，不断提高政治觉悟和政治能力，把对党忠诚、为党分忧、为党尽职、为民造福作为根本政治担当，永葆共产党人政治本色。

（二）**用新时代中国特色社会主义思想武装全党**。思想建设是党的基础性建设。革命理想高于天。共产主义远大理想和中国特色社会主义共同理想，是中国共产党人的精神支柱和政治灵魂，也是保持党的团结统一的思想基础。要把坚定理想信念作为党的思想建设的首要任务，教育引导全党牢记党的宗旨，挺起共产党人的精神脊梁，解决好世界观、人生观、价值观这个"总开关"问题，自觉做共产主义远大理想和中国特色社会主义共同理想的坚定信仰者和忠实实践者。弘扬马克思主义学风，推进"两学一做"学习教育常态化制度化，以县处级以上领导干部为重点，在全党开展"不忘初心、牢记使命"主题教育，用党的创新理论武装头脑，推动全党更加自觉地为实现新时代党的历史使命不懈奋斗。

（三）建设高素质专业化干部队伍。党的干部是党和国家事业的中坚力量。要坚持党管干部原则，坚持德才兼备、以德为先，坚持五湖四海、任人唯贤，坚持事业为上、公道正派，把好干部标准落到实处。坚持正确选人用人导向，匡正选人用人风气，突出政治标准，提拔重用牢固树立"四个意识"和"四个自信"、坚决维护党中央权威、全面贯彻执行党的理论和路线方针政策、忠诚干净担当的干部，选优配强各级领导班子。注重培养专业能力、专业精神，增强干部队伍适应新时代中国特色社会主义发展要求的能力。大力发现储备年轻干部，注重在基层一线和困难艰苦的地方培养锻炼年轻干部，源源不断选拔使用经过实践考验的优秀年轻干部。统筹做好培养选拔女干部、少数民族干部和党外干部工作。认真做好离退休干部工作。

坚持严管和厚爱结合、激励和约束并重，完善干部考核评价机制，建立激励机制和容错纠错机制，旗帜鲜明为那些敢于担当、踏实做事、不谋私利的干部撑腰鼓劲。各级党组织要关心爱护基层干部，主动为他们排忧解难。

人才是实现民族振兴、赢得国际竞争主动的战略资源。要坚持党管人才原则，聚天下英才而用之，加快建设人才强国。实行更加积极、更加开放、更加有效的人才政策，以识才的慧眼、爱才的诚意、用才的胆识、容才的雅量、聚才的良方，把党内和党外、国内和国外各方面优秀人才集聚到党和人民的伟大奋斗中来，鼓励引导人才向边远贫困地区、边疆民族地区、革命老区和基层一线流动，努力形成人人渴望成才、人人努力成才、人人皆可成才、人人尽展其才的良好局面，让各类人才的创造活力竞相迸发、聪明才智充分涌流。

（四）加强基层组织建设。党的基层组织是确保党的路线方针政策和决策部署贯彻落实的基础。要以提升组织力为重点，突出政治功能，把企业、农村、机关、学校、科研院所、街道社区、社会组织等基层党组织建设成为宣传党的主张、贯彻党的决定、领导基层治理、团结动员群众、推动改革发展的坚强战斗堡垒。党支部要担负好直接教育党员、管理党员、监督党员和组织群众、宣传群众、凝聚群众、服务群众的职责，引导广大党员发挥先锋模范作用。坚持"三会一课"制度，推进党的基层组织设置和活动方式创新，加强基层党组织带头人队伍建设，扩大基层党组织覆盖面，着力解决一些基层党组织弱化、虚化、边缘化问题。扩大党内基层民主，推进党务公开，畅通党员参与党内事务、监督党的组织和干部、向上级党组织提出意见和建议的渠道。注重从产业工人、青年农民、高知识群体中和在非公有制经济组织、社会组织中发展党员。加强党内激励关怀帮扶。增强党员教育管理针对性和有效性，稳妥有序开展不合格党员组织处置工作。

（五）持之以恒正风肃纪。 我们党来自人民、植根人民、服务人民，一旦脱离群众，就会失去生命力。加强作风建设，必须紧紧围绕保持党同人民群众的血肉联系，增强群众观念和群众感情，不断厚植党执政的群众基础。凡是群众反映强烈的问题都要严肃认真对待，凡是损害群众利益的行为都要坚决纠正。坚持以上率下，巩固拓展落实中央八项规定精神成果，继续整治"四风"问题，坚决反对特权思想和特权现象。重点强化政治纪律和组织纪律，带动廉洁纪律、群众纪律、工作纪律、生活纪律严起来。坚持开展批评和自我批评，坚持惩前毖后、治病救人，运用监督执纪"四种形态"，抓早抓小、防微杜渐。赋予有干部管理权限的党组相应纪律处分权限，强化监督执纪问责。加强纪律教育，强化纪律执行，让党员、干部知敬畏、存戒惧、守底线，习惯在受监督和约束的环境中工作生活。

（六）夺取反腐败斗争压倒性胜利。 人民群众最痛恨腐败现象，腐败是我们党面临的最大威胁。只有以反腐败永远在路上的坚韧和执着，深化标本兼治，保证干部清正、政府清廉、政治清明，才能跳出历史周期率，确保党和国家长治久安。当前，反腐败斗争形势依然严峻复杂，巩固压倒性态势、夺取压倒性胜利的决心必须坚如磐石。要坚持无禁区、全覆盖、零容忍，坚持重遏制、强高压、长震慑，坚持受贿行贿一起查，坚决防止党内形成利益集团。在市县党委建立巡察制度，加大整治群众身边腐败问题力度。不管腐败分子逃到哪里，都要缉拿归案、绳之以法。推进反腐败国家立法，建设覆盖纪检监察系统的检举举报平台。强化不敢腐的震慑，扎牢不能腐的笼子，增强不想腐的自觉，通过不懈努力换来海晏河清、朗朗乾坤。

（七）健全党和国家监督体系。增强党自我净化能力，根本靠强化党的自我监督和群众监督。要加强对权力运行的制约和监督，让人民监督权力，让权力在阳光下运行，把权力关进制度的笼子。强化自上而下的组织监督，改进自下而上的民主监督，发挥同级相互监督作用，加强对党员领导干部的日常管理监督。深化政治巡视，坚持发现问题、形成震慑不动摇，建立巡视巡察上下联动的监督网。深化国家监察体制改革，将试点工作在全国推开，组建国家、省、市、县监察委员会，同党的纪律检查机关合署办公，实现对所有行使公权力的公职人员监察全覆盖。制定国家监察法，依法赋予监察委员会职责权限和调查手段，用留置取代"两规"措施。改革审计管理体制，完善统计体制。构建党统一指挥、全面覆盖、权威高效的监督体系，把党内监督同国家机关监督、民主监督、司法监督、群众监督、舆论监督贯通起来,增强监督合力。

（八）**全面增强执政本领**。领导十三亿多人的社会主义大国,我们党既要政治过硬,也要本领高强。要增强学习本领,在全党营造善于学习、勇于实践的浓厚氛围,建设马克思主义学习型政党,推动建设学习大国。增强政治领导本领,坚持战略思维、创新思维、辩证思维、法治思维、底线思维,科学制定和坚决执行党的路线方针政策,把党总揽全局、协调各方落到实处。增强改革创新本领,保持锐意进取的精神风貌,善于结合实际创造性推动工作,善于运用互联网技术和信息化手段开展工作。增强科学发展本领,善于贯彻新发展理念,不断开创发展新局面。增强依法执政本领,加快形成覆盖党的领导和党的建设各方面的党内法规制度体系,加强和改善对国家政权机关的领导。增强群众工作本领,创新群众工作体制机制和方式方法,推动工会、共青团、妇联等群团组织增强政治性、先进性、群众性,发挥联系群众的桥梁纽带作用,组织动员广大人民群众坚定不移跟党走。增强狠抓落实本领,坚持说实话、谋实事、出实招、求实效,把雷厉风行和久久为功有机结合起来,勇于攻坚克难,以钉钉子精神做实做细做好各项工作。增强驾驭风险本领,健全各方面风险防控机制,善于处理各种复杂矛盾,勇于战胜前进道路上的各种艰难险阻,牢牢把握工作主动权。

同志们！伟大的事业必须有坚强的党来领导。只要我们党把自身建设好、建设强,确保党始终同人民想在一起、干在一起,就一定能够引领承载着中国人民伟大梦想的航船破浪前进,胜利驶向光辉的彼岸!

同志们!中华民族是历经磨难、不屈不挠的伟大民族,中国人民是勤劳勇敢、自强不息的伟大人民,中国共产党是敢于斗争、敢于胜利的伟大政党。历史车轮滚滚向前,时代潮流浩浩荡荡。历史只会眷顾坚定者、奋进者、搏击者,而不会等待犹豫者、懈怠者、畏难者。全党一定要保持艰苦奋斗、戒骄戒躁的作风,以时不我待、只争朝夕的精神,奋力走好新时代的长征路。全党一定要自觉维护党的团结统一,保持党同人民群众的血肉联系,巩固全国各族人民大团结,加强海内外中华儿女大团结,团结一切可以团结的力量,齐心协力走向中华民族伟大复兴的光明前景。

青年兴则国家兴,青年强则国家强。青年一代有理想、有本领、有担当,国家就有前途,民族就有希望。中国梦是历史的、现实的,也是未来的;是我们这一代的,更是青年一代的。中华民族伟大复兴的中国梦终将在一代代青年的接力奋斗中变为现实。全党要关心和爱护青年,为他们实现人生出彩搭建舞台。广大青年要坚定理想信念,志存高远,脚踏实地,勇做时代的弄潮儿,在实现中国梦的生动实践中放飞青春梦想,在为人民利益的不懈奋斗中书写人生华章!

大道之行,天下为公。站立在九百六十多万平方公里的广袤土地上,吸吮着五千多年中华民族漫长奋斗积累的文化养分,拥有十三亿多中国人民聚合的磅礴之力,我们走中国特色社会主义道路,具有无比广阔的时代舞台,具有无比深厚的历史底蕴,具有无比强大的前进定力。全党全国各族人民要紧密团结在党中央周围,高举中国特色社会主义伟大旗帜,锐意进取,埋头苦干,为实现推进现代化建设、完成祖国统一、维护世界和平与促进共同发展三大历史任务,为决胜全面建成小康社会、夺取新时代中国特色社会主义伟大胜利、实现中华民族伟大复兴的中国梦、实现人民对美好生活的向往继续奋斗!

(新华社北京10月27日电)

《人民日报》(2017年10月28日01版)

中国共产党章程

（中国共产党第十九次全国代表大会部分修改，2017年10月24日通过）

总　纲

中国共产党是中国工人阶级的先锋队，同时是中国人民和中华民族的先锋队，是中国特色社会主义事业的领导核心，代表中国先进生产力的发展要求，代表中国先进文化的前进方向，代表中国最广大人民的根本利益。党的最高理想和最终目标是实现共产主义。

中国共产党以马克思列宁主义、毛泽东思想、邓小平理论、"三个代表"重要思想、科学发展观、习近平新时代中国特色社会主义思想作为自己的行动指南。

马克思列宁主义揭示了人类社会历史发展的规律，它的基本原理是正确的，具有强大的生命力。中国共产党人追求的共产主义最高理想，只有在社会主义社会充分发展和高度发达的基础上才能实现。社会主义制度的发展和完善是一个长期的历史过程。坚持马克思列宁主义的基本原理，走中国人民自愿选择的适合中国国情的道路，中国的社会主义事业必将取得最终的胜利。

以毛泽东同志为主要代表的中国共产党人，把马克思列宁主义的基本原理同中国革命的具体实践结合起来，创立了毛泽东思想。毛泽东思想是马克思列宁主义在中国的运用和发展，是被实践证明了的关于中国革命和建设的正确的理论原则和经验总结，是中国共产党集体智慧的结晶。在毛泽东思想指引下，中国共产党领导全国各族人民，经过长期的反对帝国主义、封建主义、官僚资本主义的革命斗争，取得了新民主主义革命的胜利，建立了人民民主专政的中华人民共和国；新中国成立以后，顺利地进行了社会主义改造，完成了从新民主主义到社会主义的过渡，确立了社会主义基本制度，发展了社会主义的经济、政治和文化。

十一届三中全会以来，以邓小平同志为主要代表的中国共产党人，总结新中国成立以来正反两方面的经验，解放思想，实事求是，实现全党工作中心向经济建设的转移，实行改革开放，开辟了社会主义事业发展的新时期，逐步形成了建设中国特色社会主义的路线、方针、政策，阐明了在中国建设社会主义、巩固和发展社会主义的基本问题，创立了邓小平理论。邓小平理论是马克思列宁主义的基本原理同当代中国实践和时代特征相结合的产物，是毛泽东思想在新的历史条件下的继承和发展，是马克思主义在中国发展的新阶段，是当代中国的马克思主义，是中国共产党集体智慧的结晶，引导着我国社会主义现代化事业不断前进。

十三届四中全会以来,以江泽民同志为主要代表的中国共产党人,在建设中国特色社会主义的实践中,加深了对什么是社会主义、怎样建设社会主义和建设什么样的党、怎样建设党的认识,积累了治党治国新的宝贵经验,形成了"三个代表"重要思想。"三个代表"重要思想是对马克思列宁主义、毛泽东思想、邓小平理论的继承和发展,反映了当代世界和中国的发展变化对党和国家工作的新要求,是加强和改进党的建设、推进我国社会主义自我完善和发展的强大理论武器,是中国共产党集体智慧的结晶,是党必须长期坚持的指导思想。始终做到"三个代表",是我们党的立党之本、执政之基、力量之源。

十六大以来,以胡锦涛同志为主要代表的中国共产党人,坚持以邓小平理论和"三个代表"重要思想为指导,根据新的发展要求,深刻认识和回答了新形势下实现什么样的发展、怎样发展等重大问题,形成了以人为本、全面协调可持续发展的科学发展观。科学发展观是同马克思列宁主义、毛泽东思想、邓小平理论、"三个代表"重要思想既一脉相承又与时俱进的科学理论,是马克思主义关于发展的世界观和方法论的集中体现,是马克思主义中国化重大成果,是中国共产党集体智慧的结晶,是发展中国特色社会主义必须长期坚持的指导思想。

十八大以来,以习近平同志为主要代表的中国共产党人，顺应时代发展，从理论和实践结合上系统回答了新时代坚持和发展什么样的中国特色社会主义、怎样坚持和发展中国特色社会主义这个重大时代课题，创立了习近平新时代中国特色社会主义思想。习近平新时代中国特色社会主义思想是对马克思列宁主义、毛泽东思想、邓小平理论、"三个代表"重要思想、科学发展观的继承和发展，是马克思主义中国化最新成果，是党和人民实践经验和集体智慧的结晶，是中国特色社会主义理论体系的重要组成部分，是全党全国人民为实现中华民族伟大复兴而奋斗的行动指南，必须长期坚持并不断发展。在习近平新时代中国特色社会主义思想指导下，中国共产党领导全国各族人民，统揽伟大斗争、伟大工程、伟大事业、伟大梦想，推动中国特色社会主义进入了新时代。

改革开放以来我们取得一切成绩和进步的根本原因，归结起来就是：开辟了中国特色社会主义道路，形成了中国特色社会主义理论体系，确立了中国特色社会主义制度，发展了中国特色社会主义文化。全党同志要倍加珍惜、长期坚持和不断发展党历经艰辛开创的这条道路、这个理论体系、这个制度、这个文化，高举中国特色社会主义伟大旗帜，坚定道路自信、理论自信、制度自信、文化自信，贯彻党的基本理论、基本路线、基本方略，为实现推进现代化建设、完成祖国统一、维护世界和平与促进共同发展这三大历史任务，实现"两个一百年"奋斗目标、实现中华民族伟大复兴的中国梦而奋斗。

我国正处于并将长期处于社会主义初级阶段。这是在原本经济文化落后的中国建设社会主义现代化不可逾越的历史阶段，需要上百年的时间。我国的社会主义建设，必须从我国的国情出发，走中国特色社会主义道路。在现阶段，我国社会的主要矛盾是人民日益增长的美好生活需要和不平衡不充分的发展之间的矛盾。由于国内的因素和国际的影响，阶级斗争还在一定范围内长期存在，在某种条件下还有可能激化，但已经不是主要矛盾。我国社会主义建设的根本任务，是进一步解放生产力，发展生产力，逐步实现社会主义现代化，并且为此而改革生产关系和上层建筑中不适应生产力发展的方面和环节。必须坚持和完善公有制为主体、多种所有制经济共同发展的基本经济制度，坚持和完善按劳分配为主体、多种分配方式并存的分配制度，鼓励一部分地区和一部分人先富起来，逐步消灭贫穷，达到共同富裕，在生产发展和社会财富增长的基础上不断满足人民日益增长的美好生活需要，促进人的全面发展。发展是我们党执政兴国的第一要务。必须坚持以人民为中心的发展思想，坚持创新、协调、绿色、开放、共享的发展理念。各项工作都要把有利于发展社会主义社会的生产力，有利于增强社会主义国家的综合国力，有利于提高人民的生活水平，作为总的出发点和检验标准，尊重劳动、尊重知识、尊重人才、尊重创造，做到发展为了人民、发展依靠人民、发展成果由人民共享。跨入新世纪，我国进入全面建设小康社会、加快推进社会主义现代化的新的发展阶段。必须按照中国特色社会主义事业"五位一体"总体布局和"四个全面"战略布局，统筹推进经济建设、政治建设、文化建设、社会建设、生态文明建设，协调推进全面建成小康社会、全面深化改革、全面依法治国、全面从严治党。在新世纪新时代，经济和社会发展的战略目标是，到建党一百年时，全面建成小康社会；到新中国成立一百年时，全面建成社会主义现代化强国。

中国共产党在社会主义初级阶段的基本路线是：领导和团结全国各族人民，以经济建设为中心，坚持四项基本原则，坚持改革开放，自力更生，艰苦创业，为把我国建设成为富强民主文明和谐美丽的社会主义现代化强国而奋斗。

中国共产党在领导社会主义事业中，必须坚持以经济建设为中心，其他各项工作都服从和服务于这个中心。要实施科教兴国战略、人才强国战略、创新驱动发展战略、乡村振兴战略、区域协调发展战略、可持续发展战略、军民融合发展战略，充分发挥科学技术作为第一生产力的作用，充分发挥创新作为引领发展第一动力的作用，依靠科技进步，提高劳动者素质，促进国民经济更高质量、更有效率、更加公平、更可持续发展。

坚持社会主义道路、坚持人民民主专政、坚持中国共产党的领导、坚持马克思列宁主义毛泽东思想这四项基本原则，是我们的立国之本。在社会主义现代化建设的整个过程中，必须坚持四项基本原则,反对资产阶级自由化。

坚持改革开放,是我们的强国之路。只有改革开放,才能发展中国、发展社会主义、发展马克思主义。要全面深化改革,完善和发展中国特色社会主义制度,推进国家治理体系和治理能力现代化。要从根本上改革束缚生产力发展的经济体制,坚持和完善社会主义市场经济体制;与此相适应,要进行政治体制改革和其他领域的改革。要坚持对外开放的基本国策,吸收和借鉴人类社会创造的一切文明成果。改革开放应当大胆探索,勇于开拓,提高改革决策的科学性,更加注重改革的系统性、整体性、协同性,在实践中开创新路。

中国共产党领导人民发展社会主义市场经济。毫不动摇地巩固和发展公有制经济,毫不动摇地鼓励、支持、引导非公有制经济发展。发挥市场在资源配置中的决定性作用,更好发挥政府作用,建立完善的宏观调控体系。统筹城乡发展、区域发展、经济社会发展、人与自然和谐发展、国内发展和对外开放,调整经济结构,转变经济发展方式,推进供给侧结构性改革。促进新型工业化、信息化、城镇化、农业现代化同步发展,建设社会主义新农村,走中国特色新型工业化道路,建设创新型国家和世界科技强国。

中国共产党领导人民发展社会主义民主政治。坚持党的领导、人民当家作主、依法治国有机统一,走中国特色社会主义政治发展道路,扩大社会主义民主,建设中国特色社会主义法治体系,建设社会主义法治国家,巩固人民民主专政,建设社会主义政治文明。坚持和完善人民代表大会制度、中国共产党领导的多党合作和政治协商制度、民族区域自治制度以及基层群众自治制度。发展更加广泛、更加充分、更加健全的人民民主，推进协商民主广泛、多层、制度化发展，切实保障人民管理国家事务和社会事务、管理经济和文化事业的权利。尊重和保障人权。广开言路，建立健全民主选举、民主决策、民主管理、民主监督的制度和程序。完善中国特色社会主义法律体系，加强法律实施工作，实现国家各项工作法治化。

中国共产党领导人民发展社会主义先进文化。建设社会主义精神文明，实行依法治国和以德治国相结合，提高全民族的思想道德素质和科学文化素质，为改革开放和社会主义现代化建设提供强大的思想保证、精神动力和智力支持，建设社会主义文化强国。加强社会主义核心价值体系建设，坚持马克思主义指导思想，树立中国特色社会主义共同理想，弘扬以爱国主义为核心的民族精神和以改革创新为核心的时代精神，培育和践行社会主义核心价值观，倡导社会主义荣辱观，增强民族自尊、自信和自强精神，抵御资本主义和封建主义腐朽思想的侵蚀，扫除各种社会丑恶现象，努力使我国人民成为有理想、有道德、有文化、有纪律的人民。对党员要进行共产主义远大理想教育。大力发展教育、科学、文化事业，推动中华优秀传统文化创造性转化、创新性发展，继承革命文化，发展社会主义先进文化，提高国家文化软实力。牢牢掌握意识形态工作领导权，不断巩固马克思主义在意识形态领域的指导地位，巩固全党全国人民团结奋斗的共同思想基础。

中国共产党领导人民构建社会主义和谐社会。按照民主法治、公平正义、诚信友爱、充满活力、安定有序、人与自然和谐相处的总要求和共同建设、共同享有的原则，以保障和改善民生为重点，解决好人民最关心、最直接、最现实的利益问题，使发展成果更多更公平惠及全体人民，不断增强人民群众获得感，努力形成全体人民各尽其能、各得其所而又和谐相处的局面。加强和创新社会治理。严格区分和正确处理敌我矛盾和人民内部矛盾这两类不同性质的矛盾。加强社会治安综合治理，依法坚决打击各种危害国家安全和利益、危害社会稳定和经济发展的犯罪活动和犯罪分子，保持社会长期稳定。坚持总体国家安全观，坚决维护国家主权、安全、发展利益。

中国共产党领导人民建设社会主义生态文明。树立尊重自然、顺应自然、保护自然的生态文明理念，增强绿水青山就是金山银山的意识，坚持节约资源和保护环境的基本国策，坚持节约优先、保护优先、自然恢复为主的方针，坚持生产发展、生活富裕、生态良好的文明发展道路。着力建设资源节约型、环境友好型社会，实行最严格的生态环境保护制度，形成节约资源和保护环境的空间格局、产业结构、生产方式、生活方式，为人民创造良好生产生活环境，实现中华民族永续发展。

中国共产党坚持对人民解放军和其他人民武装力量的绝对领导，贯彻习近平强军思想，加强人民解放军的建设，坚持政治建军、改革强军、科技兴军、依法治军，建设一支听党指挥、能打胜仗、作风优良的人民军队，切实保证人民解放军有效履行新时代军队使命任务，充分发挥人民解放军在巩固国防、保卫祖国和参加社会主义现代化建设中的作用。

中国共产党维护和发展平等团结互助和谐的社会主义民族关系，积极培养、选拔少数民族干部，帮助少数民族和民族地区发展经济、文化和社会事业，铸牢中华民族共同体意识，实现各民族共同团结奋斗、共同繁荣发展。全面贯彻党的宗教工作基本方针，团结信教群众为经济社会发展作贡献。

中国共产党同全国各民族工人、农民、知识分子团结在一起，同各民主党派、无党派人士、各民族的爱国力量团结在一起，进一步发展和壮大由全体社会主义劳动者、社会主义事业的建设者、拥护社会主义的爱国者、拥护祖国统一和致力于中华民族伟大复兴的爱国者组成的最广泛的爱国统一战线。不断加强全国人民包括香港特别行政区同胞、澳门特别行政区同胞、台湾同胞和海外侨胞的团结。按照"一个国家、两种制度"的方针，促进香港、澳门长期繁荣稳定，完成祖国统一大业。

中国共产党坚持独立自主的和平外交政策，坚持和平发展道路，坚持互利共赢的开放战略，统筹国内国际两个大局，积极发展对外关系，努力为我国的改革开放和现代化建设争取有利的国际环境。在国际事务中，坚持正确义利观，维护我国的独立和主权，反对霸权主义和强权政治，维护世界和平，促进人类进步，推动构建人类命运共同体，推动建设持久和平、共同繁荣的和谐世界。在互相尊重主权和领土完整、互不侵犯、互不干涉内政、平等互利、和平共处五项原则的基础上，发展我国同世界各国的关系。不断发展我国同周边国家的睦邻友好关系，加强同发展中国家的团结与合作。遵循共商共建共享原则，推进"一带一路"建设。按照独立自主、完全平等、互相尊重、互不干涉内部事务的原则，发展我党同各国共产党和其他政党的关系。

中国共产党要领导全国各族人民实现"两个一百年"奋斗目标、实现中华民族伟大复兴的中国梦，必须紧密围绕党的基本路线，坚持党要管党、全面从严治党，加强党的长期执政能力建设、先进性和纯洁性建设，以改革创新精神全面推进党的建设新的伟大工程，以党的政治建设为统领，全面推进党的政治建设、思想建设、组织建设、作风建设、纪律建设，把制度建设贯穿其中，深入推进反腐败斗争，全面提高党的建设科学化水平。坚持立党为公、执政为民，发扬党的优良传统和作风，不断提高党的领导水平和执政水平，提高拒腐防变和抵御风险的能力，不断增强自我净化、自我完善、自我革新、自我提高能力，不断增强党的阶级基础和扩大党的群众基础，不断提高党的创造力、凝聚力、战斗力，建设学习型、服务型、创新型的马克思主义执政党，使我们党始终走在时代前列，成为领导全国人民沿着中国特色社会主义道路不断前进的坚强核心。党的建设必须坚决实现以下五项基本要求：

第一，坚持党的基本路线。全党要用邓小平理论、"三个代表"重要思想、科学发展观、习近平新时代中国特色社会主义思想和党的基本路线统一思想，统一行动，并且毫不动摇地长期坚持下去。必须把改革开放同四项基本原则统一起来，全面落实党的基本路线，反对一切"左"的和右的错误倾向，要警惕右，但主要是防止"左"。加强各级领导班子建设，培养选拔党和人民需要的好干部，培养和造就千百万社会主义事业接班人，从组织上保证党的基本理论、基本路线、基本方略的贯彻落实。

第二，坚持解放思想，实事求是，与时俱进，求真务实。党的思想路线是一切从实际出发，理论联系实际，实事求是，在实践中检验真理和发展真理。全党必须坚持这条思想路线，积极探索，大胆试验，开拓创新，创造性地开展工作，不断研究新情况，总结新经验，解决新问题，在实践中丰富和发展马克思主义，推进马克思主义中国化。

第三，坚持全心全意为人民服务。党除了工人阶级和最广大人民群众的利益，没有自己特殊的利益。党在任何时候都把群众利益放在第一位，同群众同甘共苦，保持最密切的联系，坚持权为民所用、情为民所系、利为民所谋，不允许任何党员脱离群众，凌驾于群众之上。我们党的最大政治优势是密切联系群众，党执政后的最大危险是脱离群众。党风问题、党同人民群众联系问题是关系党生死存亡的问题。党在自己的工作中实行群众路线，一切为了群众，一切依靠群众，从群众中来，到群众中去，把党的正确主张变为群众的自觉行动。

第四，坚持民主集中制。民主集中制是民主基础上的集中和集中指导下的民主相结合。它既是党的根本组织原则，也是群众路线在党的生活中的运用。必须充分发扬党内民主，尊重党员主体地位，保障党员民主权利，发挥各级党组织和广大党员的积极性创造性。必须实行正确的集中，牢固树立政治意识、大局意识、核心意识、看齐意识，坚定维护以习近平同志为核心的党中央权威和集中统一领导，保证全党的团结统一和行动一致，保证党的决定得到迅速有效的贯彻执行。加强和规范党内政治生活，增强党内政治生活的政治性、时代性、原则性、战斗性，发展积极健康的党内政治文化，营造风清气正的良好政治生态。党在自己的政治生活中正确地开展批评和自我批评，在原则问题上进行思想斗争，坚持真理，修正错误。努力造成又有集中又有民主，又有纪律又有自由，又有统一意志又有个人心情舒畅生动活泼的政治局面。

第五，坚持从严管党治党。全面从严治党永远在路上。新形势下，党面临的执政考验、改革开放考验、市场经济考验、外部环境考验是长期的、复杂的、严峻的，精神懈怠危险、能力不足危险、脱离群众危险、消极腐败危险更加尖锐地摆在全党面前。要把严的标准、严的措施贯穿于管党治党全过程和各方面。坚持依规治党、标本兼治，坚持把纪律挺在前面，加强组织性纪律性，在党的纪律面前人人平等。强化管党治党主体责任和监督责任，加强对党的领导机关和党员领导干部特别是主要领导干部的监督，不断完善党内监督体系。深入推进党风廉政建设和反腐败斗争，以零容忍态度惩治腐败，构建不敢腐、不能腐、不想腐的有效机制。

中国共产党的领导是中国特色社会主义最本质的特征，是中国特色社会主义制度的最大优势。党政军民学，东西南北中，党是领导一切的。党要适应改革开放和社会主义现代化建设的要求，坚持科学执政、民主执政、依法执政，加强和改善党的领导。党必须按照总揽全局、协调各方的原则，在同级各种组织中发挥领导核心作用。党必须集中精力领导经济建设，组织、协调各方面的力量，同心协力，围绕经济建设开展工作，促进经济社会全面发展。党必须实行民主的科学的决策，制定和执行正确的路线、方针、政策，做好党的组织工作和宣传教育工作，发挥全体党员的先锋模范作用。党必须在宪法和法律的范围内活动。党必须保证国家的立法、司法、行政、监察机关，经济、文化组织和人民团体积极主动地、独立负责地、协调一致地工作。党必须加强对工会、共产主义青年团、妇女联合会等群团组织的领导，使它们保持和增强政治性、先进性、群众性，充分发挥作用。党必须适应形势的发展和情况的变化，完善领导体制，改进领导方式，增强执政能力。共产党员必须同党外群众亲密合作，共同为建设中国特色社会主义而奋斗。

第一章　党　　员

第一条　年满十八岁的中国工人、农民、军人、知识分子和其他社会阶层的先进分子，承认党的纲领和章程，愿意参加党的一个组织并在其中积极工作、执行党的决议和按期交纳党费的，可以申请加入中国共产党。

第二条　中国共产党党员是中国工人阶级的有共产主义觉悟的先锋战士。

中国共产党党员必须全心全意为人民服务，不惜牺牲个人的一切，为实现共产主义奋斗终身。

中国共产党党员永远是劳动人民的普通一员。除了法律和政策规定范围内的个人利益和工作职权以外，所有共产党员都不得谋求任何私利和特权。

第三条　党员必须履行下列义务：

（一）认真学习马克思列宁主义、毛泽东思想、邓小平理论、"三个代表"重要思想、科学发展观、习近平新时代中国特色社会主义思想，学习党的路线、方针、政策和决议，学习党的基本知识，学习科学、文化、法律和业务知识，努力提高为人民服务的本领。

（二）贯彻执行党的基本路线和各项方针、政策，带头参加改革开放和社会主义现代化建设，带动群众为经济发展和社会进步艰苦奋斗，在生产、工作、学习和社会生活中起先锋模范作用。

（三）坚持党和人民的利益高于一切，个人利益服从党和人民的利益，吃苦在前，享受在后，克己奉公，多做贡献。

（四）自觉遵守党的纪律，首先是党的政治纪律和政治规矩，模范遵守国家的法律法规，严格保守党和国家的秘密，执行党的决定，服从组织分配，积极完成党的任务。

（五）维护党的团结和统一，对党忠诚老实，言行一致，坚决反对一切派别组织和小集团活动，反对阳奉阴违的两面派行为和一切阴谋诡计。

（六）切实开展批评和自我批评，勇于揭露和纠正违反党的原则的言行和工作中的缺点、错误，坚决同消极腐败现象作斗争。

（七）密切联系群众，向群众宣传党的主张，遇事同群众商量，及时向党反映群众的意见和要求，维护群众的正当利益。

（八）发扬社会主义新风尚，带头实践社会主义核心价值观和社会主义荣辱观，提倡共产主义道德，弘扬中华民族传统美德，为了保护国家和人民的利益，在一切困难和危险的时刻挺身而出，英勇斗争，不怕牺牲。

第四条 党员享有下列权利：

（一）参加党的有关会议，阅读党的有关文件，接受党的教育和培训。

（二）在党的会议上和党报党刊上，参加关于党的政策问题的讨论。

（三）对党的工作提出建议和倡议。

（四）在党的会议上有根据地批评党的任何组织和任何党员，向党负责地揭发、检举党的任何组织和任何党员违法乱纪的事实，要求处分违法乱纪的党员，要求罢免或撤换不称职的干部。

（五）行使表决权、选举权，有被选举权。

（六）在党组织讨论决定对党员的党纪处分或作出鉴定时，本人有权参加和进行申辩，其他党员可以为他作证和辩护。

（七）对党的决议和政策如有不同意见，在坚决执行的前提下，可以声明保留，并且可以把自己的意见向党的上级组织直至中央提出。

（八）向党的上级组织直至中央提出请求、申诉和控告，并要求有关组织给以负责的答复。

党的任何一级组织直至中央都无权剥夺党员的上述权利。

第五条 发展党员，必须把政治标准放在首位，经过党的支部，坚持个别吸收的原则。

申请入党的人，要填写入党志愿书，要有两名正式党员作介绍人，要经过支部大会通过和上级党组织批准，并且经过预备期的考察，才能成为正式党员。

介绍人要认真了解申请人的思想、品质、经历和工作表现，向他解释党的纲领和党的章程，说明党员的条件、义务和权利，并向党组织作出负责的报告。

党的支部委员会对申请入党的人，要注意征求党内外有关群众的意见，进行严格的审查，认为合格后再提交支部大会讨论。

上级党组织在批准申请人入党以前，要派人同他谈话，作进一步的了解，并帮助他提高对党的认识。

在特殊情况下，党的中央和省、自治区、直辖市委员会可以直接接收党员。

第六条 预备党员必须面向党旗进行入党宣誓。誓词如下：我志愿加入中国共产党，拥护党的纲领，遵守党的章程，履行党员义务，执行党的决定，严守党的纪律，保守党的秘密，对党忠诚，积极工作，为共产主义奋斗终身，随时准备为党和人民牺牲一切，永不叛党。

第七条 预备党员的预备期为一年。党组织对预备党员应当认真教育和考察。

预备党员的义务同正式党员一样。预备党员的权利，除了没有表决权、选举权和被选举权以外，也同正式党员一样。

预备党员预备期满，党的支部应当及时讨论他能否转为正式党员。认真履行党员义务，具备党员条件的，应当按期转为正式党员；需要继续考察和教育的，可以延长预备期，但不能超过一年；不履行党员义务，不具备党员条件的，应当取消预备党员资格。预备党员转为正式党员，或延长预备期，或取消预备党员资格，都应当经支部大会讨论通过和上级党组织批准。

预备党员的预备期，从支部大会通过他为预备党员之日算起。党员的党龄，从预备期满转为正式党员之日算起。

第八条 每个党员，不论职务高低，都必须编入党的一个支部、小组或其他特定组织，参加党的组织生活，接受党内外群众的监督。党员领导干部还必须参加党委、党组的民主生活会。不允许有任何不参加党的组织生活、不接受党内外群众监督的特殊党员。

第九条 党员有退党的自由。党员要求退党，应当经支部大会讨论后宣布除名，并报上级党组织备案。

党员缺乏革命意志，不履行党员义务，不符合党员条件，党的支部应当对他进行教育，要求他限期改正；经教育仍无转变的，应当劝他退党。劝党员退党，应当经支部大会讨论决定，并报上级党组织批准。如被劝告退党的党员坚持不退，应当提交支部大会讨论，决定把他除名，并报上级党组织批准。

党员如果没有正当理由，连续六个月不参加党的组织生活，或不交纳党费，或不做党所分配的工作，就被认为是自行脱党。支部大会应当决定把这样的党员除名，并报上级党组织批准。

第二章　党的组织制度

第十条 党是根据自己的纲领和章程，按照民主集中制组织起来的统一整体。党的民主集中制的基本原则是：

（一）党员个人服从党的组织，少数服从多数，下级组织服从上级组织，全党各个组织和全体党员服从党的全国代表大会和中央委员会。

（二）党的各级领导机关，除它们派出的代表机关和在非党组织中的党组外，都由选举产生。

（三）党的最高领导机关，是党的全国代表大会和它所产生的中央委员会。党的地方各级领导机关，是党的地方各级代表大会和它们所产生的委员会。党的各级委员会向同级的代表大会负责并报告工作。

（四）党的上级组织要经常听取下级组织和党员群众的意见，及时解决他们提出的问题。党的下级组织既要向上级组织请示和报告工作，又要独立负责地解决自己职责范围内的问题。上下级组织之间要互通情报、互相支持和互相监督。党的各级组织要按规定实行党务公开，使党员对党内事务有更多的了解和参与。

（五）党的各级委员会实行集体领导和个人分工负责相结合的制度。凡属重大问题都要按照集体领导、民主集中、个别酝酿、会议决定的原则，由党的委员会集体讨论，作出决定；委员会成员要根据集体的决定和分工，切实履行自己的职责。

（六）党禁止任何形式的个人崇拜。要保证党的领导人的活动处于党和人民的监督之下，同时维护一切代表党和人民利益的领导人的威信。

第十一条 党的各级代表大会的代表和委员会的产生，要体现选举人的意志。选举采用无记名投票的方式。候选人名单要由党组织和选举人充分酝酿讨论。可以直接采用候选人数多于应选人数的差额选举办法进行正式选举。也可以先采用差额选举办法进行预选，产生候选人名单，然后进行正式选举。选举人有了解候选人情况、要求改变候选人、不选任何一个候选人和另选他人的权利。任何组织和个人不得以任何方式强迫选举人选举或不选举某个人。

党的地方各级代表大会和基层代表大会的选举，如果发生违反党章的情况，上一级党的委员会在调查核实后，应作出选举无效和采取相应措施的决定，并报再上一级党的委员会审查批准，正式宣布执行。

党的各级代表大会代表实行任期制。

第十二条 党的中央和地方各级委员会在必要时召集代表会议，讨论和决定需要及时解决的重大问题。代表会议代表的名额和产生办法，由召集代表会议的委员会决定。

第十三条 凡是成立党的新组织，或是撤销党的原有组织，必须由上级党组织决定。

在党的地方各级代表大会和基层代表大会闭会期间，上级党的组织认为有必要时，可以调动或者指派下级党组织的负责人。

党的中央和地方各级委员会可以派出代表机关。

第十四条 党的中央和省、自治区、直辖市委员会实行巡视制度,在一届任期内,对所管理的地方、部门、企事业单位党组织实现巡视全覆盖。

中央有关部委和国家机关部门党组(党委)根据工作需要,开展巡视工作。

党的市(地、州、盟)和县(市、区、旗)委员会建立巡察制度。

第十五条 党的各级领导机关,对同下级组织有关的重要问题作出决定时,在通常情况下,要征求下级组织的意见。要保证下级组织能够正常行使他们的职权。凡属应由下级组织处理的问题,如无特殊情况,上级领导机关不要干预。

第十六条 有关全国性的重大政策问题,只有党中央有权作出决定,各部门、各地方的党组织可以向中央提出建议,但不得擅自作出决定和对外发表主张。

党的下级组织必须坚决执行上级组织的决定。下级组织如果认为上级组织的决定不符合本地区、本部门的实际情况,可以请求改变;如果上级组织坚持原决定,下级组织必须执行,并不得公开发表不同意见,但有权向再上一级组织报告。

党的各级组织的报刊和其他宣传工具,必须宣传党的路线、方针、政策和决议。

第十七条 党组织讨论决定问题,必须执行少数服从多数的原则。决定重要问题,要进行表决。对于少数人的不同意见,应当认真考虑。如对重要问题发生争论,双方人数接近，除了在紧急情况下必须按多数意见执行外，应当暂缓作出决定，进一步调查研究，交换意见，下次再表决；在特殊情况下，也可将争论情况向上级组织报告，请求裁决。

党员个人代表党组织发表重要主张，如果超出党组织已有决定的范围，必须提交所在的党组织讨论决定，或向上级党组织请示。任何党员不论职务高低，都不能个人决定重大问题；如遇紧急情况，必须由个人作出决定时，事后要迅速向党组织报告。不允许任何领导人实行个人专断和把个人凌驾于组织之上。

第十八条 党的中央、地方和基层组织，都必须重视党的建设，经常讨论和检查党的宣传工作、教育工作、组织工作、纪律检查工作、群众工作、统一战线工作等，注意研究党内外的思想政治状况。

第三章　党的中央组织

第十九条 党的全国代表大会每五年举行一次，由中央委员会召集。中央委员会认为有必要，或者有三分之一以上的省一级组织提出要求，全国代表大会可以提前举行；如无非常情况，不得延期举行。

全国代表大会代表的名额和选举办法，由中央委员会决定。

第二十条 党的全国代表大会的职权是：

（一）听取和审查中央委员会的报告；

（二）审查中央纪律检查委员会的报告；

（三）讨论并决定党的重大问题；

（四）修改党的章程；

（五）选举中央委员会；

（六）选举中央纪律检查委员会。

第二十一条 党的全国代表会议的职权是：讨论和决定重大问题；调整和增选中央委员会、中央纪律检查委员会的部分成员。调整和增选中央委员及候补中央委员的数额，不得超过党的全国代表大会选出的中央委员及候补中央委员各自总数的五分之一。

第二十二条 党的中央委员会每届任期五年。全国代表大会如提前或延期举行，它的任期相应地改变。中央委员会委员和候补委员必须有五年以上的党龄。中央委员会委员和候补委员的名额，由全国代表大会决定。中央委员会委员出缺，由中央委员会候补委员按照得票多少依次递补。

中央委员会全体会议由中央政治局召集，每年至少举行一次。中央政治局向中央委员会全体会议报告工作，接受监督。

在全国代表大会闭会期间，中央委员会执行全国代表大会的决议，领导党的全部工作，对外代表中国共产党。

第二十三条 党的中央政治局、中央政治局常务委员会和中央委员会总书记，由中央委员会全体会议选举。中央委员会总书记必须从中央政治局常务委员会委员中产生。

中央政治局和它的常务委员会在中央委员会全体会议闭会期间，行使中央委员会的职权。

中央书记处是中央政治局和它的常务委员会的办事机构；成员由中央政治局常务委员会提名，中央委员会全体会议通过。

中央委员会总书记负责召集中央政治局会议和中央政治局常务委员会会议，并主持中央书记处的工作。

党的中央军事委员会组成人员由中央委员会决定，中央军事委员会实行主席负责制。

每届中央委员会产生的中央领导机构和中央领导人，在下届全国代表大会开会期间，继续主持党的经常工作，直到下届中央委员会产生新的中央领导机构和中央领导人为止。

第二十四条 中国人民解放军的党组织，根据中央委员会的指示进行工作。中央军事委员会负责军队中党的工作和政治工作，对军队中党的组织体制和机构作出规定。

第四章 党的地方组织

第二十五条 党的省、自治区、直辖市的代表大会，设区的市和自治州的代表大会，县（旗）、自治县、不设区的市和市辖区的代表大会，每五年举行一次。

党的地方各级代表大会由同级党的委员会召集。在特殊情况下，经上一级委员会批准，可以提前或延期举行。

党的地方各级代表大会代表的名额和选举办法，由同级党的委员会决定，并报上一级党的委员会批准。

第二十六条 党的地方各级代表大会的职权是：

（一）听取和审查同级委员会的报告；

（二）审查同级纪律检查委员会的报告；

（三）讨论本地区范围内的重大问题并作出决议；

（四）选举同级党的委员会，选举同级党的纪律检查委员会。

第二十七条 党的省、自治区、直辖市、设区的市和自治州的委员会，每届任期五年。这些委员会的委员和候补委员必须有五年以上的党龄。

党的县（旗）、自治县、不设区的市和市辖区的委员会，每届任期五年。这些委员会的委员和候补委员必须有三年以上的党龄。

党的地方各级代表大会如提前或延期举行，由它选举的委员会的任期相应地改变。

党的地方各级委员会的委员和候补委员的名额，分别由上一级委员会决定。党的地方各级委员会委员出缺，由候补委员按照得票多少依次递补。

党的地方各级委员会全体会议，每年至少召开两次。

党的地方各级委员会在代表大会闭会期间，执行上级党组织的指示和同级党代表大会的决议，领导本地方的工作，定期向上级党的委员会报告工作。

第二十八条 党的地方各级委员会全体会议，选举常务委员会和书记、副书记，并报上级党的委员会批准。党的地方各级委员会的常务委员会，在委员会全体会议闭会期间，行使委员会职权；在下届代表大会开会期间，继续主持经常工作，直到新的常务委员会产生为止。

党的地方各级委员会的常务委员会定期向委员会全体会议报告工作，接受监督。

第二十九条 党的地区委员会和相当于地区委员会的组织，是党的省、自治区委员会在几个县、自治县、市范围内派出的代表机关。它根据省、自治区委员会的授权，领导本地区的工作。

第五章　党的基层组织

第三十条 企业、农村、机关、学校、科研院所、街道社区、社会组织、人民解放军连队和其他基层单位，凡是有正式党员三人以上的，都应当成立党的基层组织。

党的基层组织，根据工作需要和党员人数，经上级党组织批准，分别设立党的基层委员会、总支部委员会、支部委员会。基层委员会由党员大会或代表大会选举产生，总支部委员会和支部委员会由党员大会选举产生，提出委员候选人要广泛征求党员和群众的意见。

第三十一条 党的基层委员会、总支部委员会、支部委员会每届任期三年至五年。基层委员会、总支部委员会、支部委员会的书记、副书记选举产生后，应报上级党组织批准。

第三十二条 党的基层组织是党在社会基层组织中的战斗堡垒，是党的全部工作和战斗力的基础。它的基本任务是：

（一）宣传和执行党的路线、方针、政策，宣传和执行党中央、上级组织和本组织的决议，充分发挥党员的先锋模范作用，积极创先争优，团结、组织党内外的干部和群众，努力完成本单位所担负的任务。

（二）组织党员认真学习马克思列宁主义、毛泽东思想、邓小平理论、"三个代表"重要思想、科学发展观、习近平新时代中国特色社会主义思想，推进"两学一做"学习教育常态化制度化，学习党的路线、方针、政策和决议，学习党的基本知识，学习科学、文化、法律和业务知识。

（三）对党员进行教育、管理、监督和服务，提高党员素质，坚定理想信念，增强党性，严格党的组织生活，开展批评和自我批评，维护和执行党的纪律，监督党员切实履行义务，保障党员的权利不受侵犯。加强和改进流动党员管理。

（四）密切联系群众，经常了解群众对党员、党的工作的批评和意见，维护群众的正当权利和利益，做好群众的思想政治工作。

（五）充分发挥党员和群众的积极性创造性，发现、培养和推荐他们中间的优秀人才，鼓励和支持他们在改革开放和社会主义现代化建设中贡献自己的聪明才智。

（六）对要求入党的积极分子进行教育和培养，做好经常性的发展党员工作，重视在生产、工作第一线和青年中发展党员。

（七）监督党员干部和其他任何工作人员严格遵守国家

法律法规，严格遵守国家的财政经济法规和人事制度，不得侵占国家、集体和群众的利益。

（八）教育党员和群众自觉抵制不良倾向，坚决同各种违纪违法行为作斗争。

第三十三条 街道、乡、镇党的基层委员会和村、社区党组织，领导本地区的工作和基层社会治理，支持和保证行政组织、经济组织和群众自治组织充分行使职权。

国有企业党委（党组）发挥领导作用，把方向、管大局、保落实，依照规定讨论和决定企业重大事项。国有企业和集体企业中党的基层组织，围绕企业生产经营开展工作。保证监督党和国家的方针、政策在本企业的贯彻执行；支持股东会、董事会、监事会和经理（厂长）依法行使职权；全心全意依靠职工群众，支持职工代表大会开展工作；参与企业重大问题的决策；加强党组织的自身建设，领导思想政治工作、精神文明建设和工会、共青团等群团组织。

非公有制经济组织中党的基层组织，贯彻党的方针政策，引导和监督企业遵守国家的法律法规，领导工会、共青团等群团组织，团结凝聚职工群众，维护各方的合法权益，促进企业健康发展。

社会组织中党的基层组织，宣传和执行党的路线、方针、政策，领导工会、共青团等群团组织，教育管理党员，引领服务群众，推动事业发展。

实行行政领导人负责制的事业单位中党的基层组织，发挥战斗堡垒作用。实行党委领导下的行政领导人负责制的事业单位中党的基层组织,对重大问题进行讨论和作出决定,同时保证行政领导人充分行使自己的职权。

各级党和国家机关中党的基层组织,协助行政负责人完成任务,改进工作,对包括行政负责人在内的每个党员进行教育、管理、监督,不领导本单位的业务工作。

第三十四条 党支部是党的基础组织,担负直接教育党员、管理党员、监督党员和组织群众、宣传群众、凝聚群众、服务群众的职责。

第六章 党的干部

第三十五条 党的干部是党的事业的骨干,是人民的公仆,要做到忠诚干净担当。党按照德才兼备、以德为先的原则选拔干部,坚持五湖四海、任人唯贤,坚持事业为上、公道正派,反对任人唯亲,努力实现干部队伍的革命化、年轻化、知识化、专业化。

党重视教育、培训、选拔、考核和监督干部,特别是培养、选拔优秀年轻干部。积极推进干部制度改革。

党重视培养、选拔女干部和少数民族干部。

第三十六条 党的各级领导干部必须信念坚定、为民服务、勤政务实、敢于担当、清正廉洁,模范地履行本章程第三条所规定的党员的各项义务,并且必须具备以下的基本条件:

(一)具有履行职责所需要的马克思列宁主义、毛泽东思想、邓小平理论、"三个代表"重要思想、科学发展观的水平，带头贯彻落实习近平新时代中国特色社会主义思想，努力用马克思主义的立场、观点、方法分析和解决实际问题，坚持讲学习、讲政治、讲正气，经得起各种风浪的考验。

（二）具有共产主义远大理想和中国特色社会主义坚定信念，坚决执行党的基本路线和各项方针、政策，立志改革开放，献身现代化事业，在社会主义建设中艰苦创业，树立正确政绩观，做出经得起实践、人民、历史检验的实绩。

（三）坚持解放思想，实事求是，与时俱进，开拓创新，认真调查研究，能够把党的方针、政策同本地区、本部门的实际相结合，卓有成效地开展工作，讲实话，办实事，求实效。

（四）有强烈的革命事业心和政治责任感，有实践经验，有胜任领导工作的组织能力、文化水平和专业知识。

（五）正确行使人民赋予的权力，坚持原则，依法办事，清正廉洁，勤政为民，以身作则，艰苦朴素，密切联系群众，坚持党的群众路线，自觉地接受党和群众的批评和监督，加强道德修养，讲党性、重品行、作表率，做到自重、自省、自警、自励，反对形式主义、官僚主义、享乐主义和奢靡之风，反对任何滥用职权、谋求私利的行为。

（六）坚持和维护党的民主集中制，有民主作风，有全局观念，善于团结同志，包括团结同自己有不同意见的同志一道工作。

第三十七条 党员干部要善于同党外干部合作共事，尊重他们，虚心学习他们的长处。

党的各级组织要善于发现和推荐有真才实学的党外干部担任领导工作，保证他们有职有权，充分发挥他们的作用。

第三十八条 党的各级领导干部，无论是由民主选举产生的，或是由领导机关任命的，他们的职务都不是终身的，都可以变动或解除。

年龄和健康状况不适宜于继续担任工作的干部，应当按照国家的规定退、离休。

第七章　党的纪律

第三十九条 党的纪律是党的各级组织和全体党员必须遵守的行为规则，是维护党的团结统一、完成党的任务的保证。党组织必须严格执行和维护党的纪律，共产党员必须自觉接受党的纪律的约束。

第四十条 党的纪律主要包括政治纪律、组织纪律、廉洁纪律、群众纪律、工作纪律、生活纪律。

坚持惩前毖后、治病救人，执纪必严、违纪必究，抓早抓小、防微杜渐，按照错误性质和情节轻重，给以批评教育直至纪律处分。运用监督执纪"四种形态"，让"红红脸、出出汗"成为常态，党纪处分、组织调整成为管党治党的重要手段，严重违纪、严重触犯刑律的党员必须开除党籍。

党内严格禁止用违反党章和国家法律的手段对待党员，严格禁止打击报复和诬告陷害。违反这些规定的组织或个人必须受到党的纪律和国家法律的追究。

第四十一条 对党员的纪律处分有五种：警告、严重警告、撤销党内职务、留党察看、开除党籍。

留党察看最长不超过两年。党员在留党察看期间没有表决权、选举权和被选举权。党员经过留党察看，确已改正错误的，应当恢复其党员的权利；坚持错误不改的，应当开除党籍。

开除党籍是党内的最高处分。各级党组织在决定或批准开除党员党籍的时候，应当全面研究有关的材料和意见，采取十分慎重的态度。

第四十二条 对党员的纪律处分，必须经过支部大会讨论决定，报党的基层委员会批准；如果涉及的问题比较重要或复杂，或给党员以开除党籍的处分，应分别不同情况，报县级或县级以上党的纪律检查委员会审查批准。在特殊情况下，县级和县级以上各级党的委员会和纪律检查委员会有权直接决定给党员以纪律处分。

对党的中央委员会委员、候补委员，给以警告、严重警告处分，由中央纪律检查委员会常务委员会审议后，报党中央批准。对地方各级党的委员会委员、候补委员，给以警告、严重警告处分，应由上一级纪律检查委员会批准，并报它的同级党的委员会备案。

对党的中央委员会和地方各级委员会的委员、候补委员，给以撤销党内职务、留党察看或开除党籍的处分，必须由本人所在的委员会全体会议三分之二以上的多数决定。在全体会议闭会期间，可以先由中央政治局和地方各级委员会常务委员会作出处理决定，待召开委员会全体会议时予以追认。对地方各级委员会委员和候补委员的上述处分，必须经过上级纪律检查委员会常务委员会审议，由这一级纪律检查委员会报同级党的委员会批准。

严重触犯刑律的中央委员会委员、候补委员，由中央政治局决定开除其党籍；严重触犯刑律的地方各级委员会委员、候补委员，由同级委员会常务委员会决定开除其党籍。

第四十三条　党组织对党员作出处分决定，应当实事求是地查清事实。处分决定所依据的事实材料和处分决定必须同本人见面，听取本人说明情况和申辩。如果本人对处分决定不服，可以提出申诉，有关党组织必须负责处理或者迅速转递，不得扣压。对于确属坚持错误意见和无理要求的人，要给以批评教育。

第四十四条　党组织如果在维护党的纪律方面失职，必须问责。

对于严重违犯党的纪律、本身又不能纠正的党组织，上一级党的委员会在查明核实后，应根据情节严重的程度，作出进行改组或予以解散的决定，并报再上一级党的委员会审查批准，正式宣布执行。

第八章　党的纪律检查机关

第四十五条　党的中央纪律检查委员会在党的中央委员

会领导下进行工作。党的地方各级纪律检查委员会和基层纪律检查委员会在同级党的委员会和上级纪律检查委员会双重领导下进行工作。上级党的纪律检查委员会加强对下级纪律检查委员会的领导。

党的各级纪律检查委员会每届任期和同级党的委员会相同。

党的中央纪律检查委员会全体会议，选举常务委员会和书记、副书记，并报党的中央委员会批准。党的地方各级纪律检查委员会全体会议，选举常务委员会和书记、副书记，并由同级党的委员会通过，报上级党的委员会批准。党的基层委员会是设立纪律检查委员会，还是设立纪律检查委员，由它的上一级党组织根据具体情况决定。党的总支部委员会和支部委员会设纪律检查委员。

党的中央和地方纪律检查委员会向同级党和国家机关全面派驻党的纪律检查组。纪律检查组组长参加驻在部门党的领导组织的有关会议。他们的工作必须受到该机关党的领导组织的支持。

第四十六条 党的各级纪律检查委员会是党内监督专责机关，主要任务是：维护党的章程和其他党内法规，检查党的路线、方针、政策和决议的执行情况，协助党的委员会推进全面从严治党、加强党风建设和组织协调反腐败工作。

党的各级纪律检查委员会的职责是监督、执纪、问责，要经常对党员进行遵守纪律的教育，作出关于维护党纪的决定；对党的组织和党员领导干部履行职责、行使权力进行监督，受理处置党员群众检举举报，开展谈话提醒、约谈函询；检查和处理党的组织和党员违反党的章程和其他党内法规的比较重要或复杂的案件，决定或取消对这些案件中的党员的处分；进行问责或提出责任追究的建议；受理党员的控告和申诉；保障党员的权利。

各级纪律检查委员会要把处理特别重要或复杂的案件中的问题和处理的结果，向同级党的委员会报告。党的地方各级纪律检查委员会和基层纪律检查委员会要同时向上级纪律检查委员会报告。

各级纪律检查委员会发现同级党的委员会委员有违犯党的纪律的行为，可以先进行初步核实，如果需要立案检查的，应当在向同级党的委员会报告的同时向上一级纪律检查委员会报告；涉及常务委员的，报告上一级纪律检查委员会，由上一级纪律检查委员会进行初步核实，需要审查的，由上一级纪律检查委员会报它的同级党的委员会批准。

第四十七条 上级纪律检查委员会有权检查下级纪律检查委员会的工作，并且有权批准和改变下级纪律检查委员会对于案件所作的决定。如果所要改变的该下级纪律检查委员会的决定，已经得到它的同级党的委员会的批准，这种改变必须经过它的上一级党的委员会批准。

党的地方各级纪律检查委员会和基层纪律检查委员会如果对同级党的委员会处理案件的决定有不同意见，可以请求上一级纪律检查委员会予以复查；如果发现同级党的委员会或它的成员有违犯党的纪律的情况，在同级党的委员会不给予解决或不给予正确解决的时候，有权向上级纪律检查委员会提出申诉，请求协助处理。

第九章 党　组

第四十八条　在中央和地方国家机关、人民团体、经济组织、文化组织和其他非党组织的领导机关中，可以成立党组。党组发挥领导核心作用。党组的任务，主要是负责贯彻执行党的路线、方针、政策；加强对本单位党的建设的领导，履行全面从严治党责任；讨论和决定本单位的重大问题；做好干部管理工作；讨论和决定基层党组织设置调整和发展党员、处分党员等重要事项；团结党外干部和群众，完成党和国家交给的任务；领导机关和直属单位党组织的工作。

第四十九条　党组的成员，由批准成立党组的党组织决定。党组设书记，必要时还可以设副书记。

党组必须服从批准它成立的党组织领导。

第五十条　对下属单位实行集中统一领导的国家工作部门可以建立党委，党委的产生办法、职权和工作任务，由中央另行规定。

第十章 党和共产主义青年团的关系

第五十一条　中国共产主义青年团是中国共产党领导的

先进青年的群团组织，是广大青年在实践中学习中国特色社会主义和共产主义的学校，是党的助手和后备军。共青团中央委员会受党中央委员会领导。共青团的地方各级组织受同级党的委员会领导，同时受共青团上级组织领导。

第五十二条　党的各级委员会要加强对共青团的领导，注意团的干部的选拔和培训。党要坚决支持共青团根据广大青年的特点和需要，生动活泼地、富于创造性地进行工作，充分发挥团的突击队作用和联系广大青年的桥梁作用。

团的县级和县级以下各级委员会书记，企业事业单位的团委员会书记，是党员的，可以列席同级党的委员会和常务委员会的会议。

第十一章　党徽党旗

第五十三条　中国共产党党徽为镰刀和锤头组成的图案。

第五十四条　中国共产党党旗为旗面缀有金黄色党徽图案的红旗。

第五十五条　中国共产党的党徽党旗是中国共产党的象征和标志。党的各级组织和每一个党员都要维护党徽党旗的尊严。要按照规定制作和使用党徽党旗。

（新华社北京 10 月 28 日电）

《人民日报》（2017 年 10 月 29 日 01 版）

十八届中央纪律检查委员会向中国共产党第十九次全国代表大会的工作报告

(2017年10月24日中国共产党第十九次全国代表大会通过)

中国共产党第十八次全国代表大会以来,在以习近平同志为核心的党中央坚强领导下,十八届中央纪律检查委员会和各级纪律检查委员会全面贯彻党的十八大和十八届三中、四中、五中、六中全会部署,深入贯彻习近平新时代中国特色社会主义思想,紧紧围绕党的领导、党的建设、全面从严治党、党风廉政建设和反腐败斗争,忠诚履职、勇于担当,为统筹推进"五位一体"总体布局和协调推进"四个全面"战略布局提供了坚强保障。现将五年来工作情况和今后工作建议向党的第十九次全国代表大会报告,请予审查。

一、十八大以来的工作回顾

十八大确立"两个一百年"奋斗目标,开启中国特色社会主义新时代。以习近平同志为核心的党中央以强烈的历史使命感、深沉的忧患意识、顽强的意志品质,团结带领全党全国各族人民进行具有许多新的历史特点的伟大斗争,党和国家事业发生历史性变革,全面从严治党不断向纵深发展,纪律检查工作取得新成效。

(一)忠诚履行党章赋予的职责,聚焦中心任务,监督执纪问责,推动管党治党从宽松软走向严紧硬

牢固树立"四个意识",准确把握目标任务。党中央深刻洞察党面临的执政考验、改革开放考验、市场经济考验、外部环境考验和精神懈怠危险、能力不足危险、脱离群众危险、消极腐败危险是长期的、复杂的、严峻的,最根本的风险和挑战来自党内,不正之风和腐败问题严重侵蚀党的肌体。党中央将全面从严治党纳入"四个全面"战略布局,把党风廉政建设和反腐败斗争摆到前所未有的新高度。中央纪委牢固树立政治意识、大局意识、核心意识、看齐意识,自觉在思想上政治上行动上同以习近平同志为核心的党中央保持高度一致,坚定旗帜方向,紧盯目标任务,正风肃纪反腐,坚决遏制腐败蔓延势头,严肃党内政治生活,完善党内监督体系,治标为治本赢得时间、赢得民心,标本兼治不断深化。

明确职责定位,强化监督执纪问责。习近平总书记把纪委的职责凝练为监督执纪问责。中央纪委把研读党章作为第一课,同学习领会习近平总书记系列重要讲话精神结合起来,编辑出版、学习宣传习近平总书记关于党风廉政建设和反腐败斗争、严明党的纪律和规矩、巡视工作以及外事活动中有关反腐败工作论述摘编,开办《学思践悟》专栏交流学习系列重要讲话精神的体会,确保纪检监察工作沿着正确方向前进。贯彻党中央决策部署，回归党章本源，找准职责定位，转职能转方式转作风，中央纪委监察部参加议事协调机构由125个减至14个，在不增加建制编制的前提下，将纪检监察室从8个增加到12个；省级纪委、监察厅（局）参与议事协调机构由4619个减至460个，把力量集中到主责主业上。落实三中全会决定，深化纪检体制改革，创新体制机制，推进巡视和派驻监督全覆盖。贯彻四中全会精神，把纪律挺在法律前面，运用监督执纪"四种形态"，实现党内法规建设与时俱进。贯彻五中全会精神，推动落实新发展理念，准确把握党的领导、党的建设、全面从严治党、党风廉政建设和反腐败斗争之间的关系，明确内涵、厘清责任，增强党组织的责任意识和担当精神。

围绕严肃党内政治生活，充分发挥党内监督专责机关作用。党的领导弱化、党的建设缺失、全面从严治党不力，党的观念淡漠、组织涣散、纪律松弛，管党治党宽松软，归根结底在于党内政治生活不严肃、不健康。六中全会聚焦党内政治生活、强化党内监督，全面从严治党再部署再出发。纪检监察机关贯彻落实全会精神，把尊崇党章同执行新形势下党内政治生活若干准则、廉洁自律准则、党内监督条例、党纪处分条例、巡视工作条例、问责条例等党内法规贯通起来，加强对党内政治生活状况、党的路线方针政策执行情况监督检查，坚决维护党中央权威和集中统一领导，把全面从严治党不断引向深入。

（二）锲而不舍落实中央八项规定精神，兑现党的庄严承诺，回应群众期盼，赢得党心民心

由浅入深、由易到难，抓铁有痕、踏石留印。十八大后，全面从严治党从中央政治局立规矩开始，从落实中央八项规定精神破题，习近平总书记以身作则、率先垂范，全党言出纪随、久久为功，驰而不息纠正"四风"。纪检监察机关从治理公款大吃大喝、旅游、送礼等奢靡之风入手，紧盯公款购买赠送月饼、贺卡、烟花爆竹等问题，一个节点一个节点抓，一年接着一年干，以一个个具体问题的突破，带动了作风整体转变。在党的群众路线教育实践活动中，严查少数领导干部躲进培训中心、私人会所奢靡享乐，超标超配办公用房和公务用车，借婚丧喜庆敛财等问题；结合"三严三实"专题教育，重点查处乱作为、不担当问题，纠正以会议贯彻会议、以文件落实文件等形式主义和官僚主义作风；在"两学一做"学习教育中，着力解决党章意识不强、看齐意识淡薄问题，实现党员干部思想、作风、纪律上的新进步。

经常抓、抓经常，释放执纪必严强烈信号。把握政策重点，抓住"关键少数"，坚决查处十八大后、中央八项规定出台后、群众路线教育实践活动开展后仍然顶风违纪的党员干部。对"四风"问题专项处置，由本人在民主生活会上作出检查，点名道姓通报曝光。运用新媒体新技术，设立曝光平台、手机随手拍和微信一键通，织密群众监督网。五年来，各级纪检监察机关共查处违反中央八项规定精神问题 18.9 万起，处党员干部25.6万人。

扎紧制度笼子，构建长效机制。党中央对党和国家领导人工作生活待遇、厉行节约反对浪费、国内公务接待标准等作出明确规范。把纠正"四风"的要求融入新形势下党内政治生活若干准则、廉洁自律准则，写入党内监督条例、党纪处分条例、问责条例等党内法规，不断健全作风建设制度体系。纪检监察机关加强对制度执行情况的监督检查，对打折扣搞变通、执行不力的严肃查处和问责。引导党员领导干部树立良好道德风尚和家风，以优良党风带动民风社风。

（三）抓住管党治党"牛鼻子"，以强有力问责推动落实主体责任和监督责任

强化党的观念，激发担当精神。落实党风廉政建设责任制，党委负主体责任，纪委负监督责任。中央纪委领导同志深入调研，广泛约谈省区市、中央部门和中管企业、金融机构党委（党组）主要负责人，从中央部委和省一级抓起，把责任分解到组织、宣传、统战、政法等党和国家机关工作部门，把党的领导体现在日常管理监督中。把责任落实情况纳入巡视重点，要求党委书记听取巡视汇报的讲话不能只是抽象原则的表态，必须对重点问题提出处置要求。各级纪委肩负起监督职责，督促各级党组织和党员领导干部担当起管党治党政治责任。

完善问责制度，强化责任担当。制定实施《中国共产党问责条例》，围绕党的事业和党的建设领导责任，综合运用检查、通报、诫勉、组织处理、纪律处分等方式,追究主体责任、监督责任和领导责任。各省区市党委和纪委、中央部委党组(党委)和纪检组建立健全约谈函询、述责述廉等制度,制定落实"两个责任"细则和问责条例实施办法,形成一级抓一级、层层传导压力的局面。

问责一个,警醒一片。党中央坚决查处山西系统性、塌方式腐败问题,对省委领导班子作出重大调整。对湖南衡阳破坏选举案严肃问责,467人受到责任追究。对四川南充拉票贿选案涉及的477人严肃处理。严肃查处辽宁省系统性拉票贿选问题,共查处955人,其中中管干部34人。对民政部原党组、原派驻纪检组管党治党不力严肃问责,原党组书记、分管副部长、派驻纪检组组长受到责任追究。对司法部原党组书记在干部工作中严重失察和违纪行为进行问责。严肃查处甘肃祁连山国家级自然保护区生态环境遭到破坏典型案件中的失职失责问题,18人受到问责。2014年以来,全国共有7020个单位党委(党组)、党总支、党支部,430个纪委(纪检组)和6.5万余名党员领导干部被问责。

(四)巡视实现一届任期全覆盖,发现问题、形成震慑,成为全面从严治党的利剑

贯彻中央巡视工作方针,形成强有力震慑。巡视是党内监督战略性制度安排,凝结着全面从严治党理论、实践、制度创新的重要成果,彰显了中国特色社会主义民主监督的制度优势。党中央确立巡视工作方针,中央政治局会议、中央政治局常委会会议23次研究巡视工作,听取每一轮巡视情况汇报、审议巡视情况专题报告,习近平总书记每次都发表重要讲话,全面系统阐述巡视工作方针与任务。党中央两次修订《中国共产党巡视工作条例》,制定中央巡视工作五年规划、市县党委建立巡察制度的意见、被巡视党组织配合中央巡视组开展巡视工作的规定。中央巡视工作领导小组召开115次会议,组织开展12轮巡视,共巡视277个党组织,完成对省区市、中央和国家机关、中管企事业单位和金融机构、中管高校等的巡视,在党的历史上首次实现一届任期内巡视全覆盖;对16个省区市开展"回头看",对4个中央单位进行"机动式"巡视。中央纪委审查的案件中,超过60%的线索来自巡视。巡视的力度和效果不断增强,利剑作用彰显。

聚焦全面从严治党,深化政治巡视。伴随管党治党实践发展,政治巡视定位越来越清晰、指向越来越精准。十八大后,聚焦党风廉政建设和反腐败斗争,围绕"四个着力"发现问题,解决了任务宽泛、内容发散问题;坚持党纪严于国法,紧紧围绕严明纪律,着力发现管党治党宽松软问题;聚焦坚持党的领导、全面从严治党,突出严肃党内政治生活,检查"四个意识"牢不牢、落实党的路线方针政策是否坚决,落实意识形态责任是否到位,推动形成良好党内政治生态。开展"回头看",深化再巡视,既监督整改落实情况,又着力发现新问题,释放巡视不是一阵风的强烈信号。

创新方式方法，实现党内监督与群众监督相结合。实行巡视组组长、巡视对象、巡视组与巡视对象关系"三个不固定"，带着问题进驻，下沉一级了解。常规巡视和专项巡视相结合，突出专的特点，紧盯重点人、重点事、重点问题，机动灵活、精准发现。开展政治常识测试，抽查党员档案和领导干部个人有关事项报告，核查党费收缴情况，把握巡视对象的行业特点和历史文化，见微知著、由表及里，发挥政治"显微镜"和"探照灯"作用。中央巡视组受理信访159万件，与干部群众谈话5.3万人次。

条条要整改、件件有着落，发挥标本兼治战略作用。中央巡视工作领导小组成员参加反馈，推动落实整改主体责任，防止把层层传导压力变成层层推卸责任。中央巡视组和巡视办共形成专题报告230份，向党中央和国务院分管领导通报巡视情况59次，向中央改革办报送89份专题报告，推动深化改革、加强制度建设。中央纪委机关和中央组织部对移交的问题线索分类处置、优先办理。整改情况向党内通报，向社会公开。

形成全国巡视巡察"一盘棋"。加强对省区市、中央单位巡视工作的领导，建立省区市党委书记有关巡视工作讲话向中央巡视工作领导小组报备等制度。各省区市党委完成巡视全覆盖任务，全部开展市县巡察，67家中央单位探索开展巡视工作，对中央企业实现全面巡视，形成巡视巡察上下联动的格局。

（五）把纪律挺在前面，严明政治纪律和政治规矩，实践监督执纪"四种形态"，净化党内政治生态

把纪律挺在法律的前面，立起来严起来执行到位。坚持纪严于法、纪在法前，实现纪法分开，全面加强纪律建设，实现由"惩治极少数"向"管住大多数"拓展。将党纪处分条例等党内法规纳入党委（党组）理论学习中心组学习内容和党校课程，印发严重违纪违法中管干部忏悔录，剖析典型案例，发挥警示教育作用。各级纪检机关从职责定位出发，从注重查办案件转向加强日常监督执纪，对照党章党规党纪检查党员的言行，严肃了党的纪律，纯洁了党的肌体。

严明政治纪律，维护党的集中统一。严肃查处公开发表违背中央精神的言论和有令不行、有禁不止行为，解决无视政治纪律和政治规矩的"七个有之"问题，增强领导干部政治警觉性和政治鉴别力。教育引导党员领导干部时刻绷紧政治纪律这根弦，营造守纪律、讲规矩的氛围。把违反政治纪律问题作为巡视和派驻监督重点，执纪审查首先检查对党是否忠诚。五年来，共立案审查违反政治纪律案件1.5万件，处分1.5万人，其中中管干部112人。

把握"树木"与"森林"关系，运用好监督执纪"四种形态"。从线索处置、谈话函询，到初步核实、立案审查、审理报告，坚持用党章党纪衡量，用纪律的语言描述。畅通信访举报渠道，定期分析研判信访形势，开展反映领导干部问题线索大起底，按照谈话函询、初步核实、暂存待查、予以了结等方式进行处置。坚持抓早抓小，发现苗头就及时纠正，对反映的一般性问题及时谈话提醒、约谈函询，让本人作出说明，所在党委（党组）书记签字；对如实说明的予以采信，了结后向被函询人反馈澄清，体现了党对干部的信任；存在违纪问题的，查清主要违纪事实后，综合考虑违纪性质情节和认错悔错态度，给予批评教育、组织处理或纪律处分，体现党的政策。2015年以来，全国纪检监察机关实践"四种形态"，用严明的纪律管全党治全党，共处理204.8万人次。其中，运用第一种形态批评教育、谈话函询95.5万人次、占46.7%，使红脸出汗成为了常态；第二种形态纪律轻处分、组织调整81.8万人次、占39.9%，第三种形态纪律重处分、重大职务调整15.6万人次、占7.6%，有力维护了纪律的严肃性；第四种形态严重违纪涉嫌违法立案审查11.9万人次、占5.8%，被开除党籍、移送司法机关的真正成为极少数。

严肃党内政治生活，维护好政治生态。贯彻全面从严治党要从党内政治生活严起的要求，以党内政治生活准则为依据、用"四个意识"去衡量，检查在同党中央保持一致上是否存在差距，督促密切联系实际贯彻中央大政方针。紧盯"关键少数"，突出政治态度和政治方向，整体把握地区、部门、单位政治生活状况，通过监督执纪问责，树立鲜明政治导向。

严明换届纪律，把好政治关廉洁关。始终加强对选人用人情况的监督，贯彻党中央关于做好党的十九大代表、中央和地方"两委"委员推荐提名和选举工作的部署，落实"纪检监察机关意见必听,线索具体的信访举报必查"要求,对政治上有问题的一票否决、廉洁上有硬伤的坚决排除,防止"带病提拔""带病上岗"。定期梳理中管干部、省管干部遵守政治纪律、廉洁纪律情况,建立重点岗位一把手和后备干部廉政档案资料库,实现动态更新。十八大以来,中央纪委共回复党风廉政意见6631人次。严格执行换届纪律,会同中央组织部对省级党委和市县乡领导班子换届风气进行全面督查和重点检查,坚决查处拉票贿选、跑官要官等违纪行为,从源头上净化党内政治生态。

(六)坚持"老虎""苍蝇"一起打,坚决遏制腐败蔓延势头,反腐败斗争压倒性态势已经形成并巩固发展

冷静清醒判断形势,坚定立场方向。腐败是党执政面临的最大威胁,严重侵蚀党的执政基础,人民群众深恶痛绝。党中央深化对反腐败斗争形势的认识,在1993年以来一直沿用"依然严峻"基础上,增加"复杂"二字,强调反腐败才能兴党兴国,必须有腐必反、有贪必肃,无禁区、全覆盖、零容忍,坚决惩治腐败的旗帜立场始终如一,遏制腐败蔓延势头的目标任务从未动摇。

始终保持惩治腐败高压态势,持续形成强大威慑。政治腐败和经济腐败相互交织形成利益集团,严重危害党和国家政治安全。周永康、孙政才、令计划等人严重违反党的政治纪律和政治规矩,政治野心膨胀,搞阴谋活动。党中央及时察觉、果断处置,坚决铲除这些野心家、阴谋家,消除重大政治隐患；中央纪委严肃准确查明其重大政治腐败和经济腐败问题，做好涉案人员处理工作，全面肃清流毒影响。深刻剖析周永康、薄熙来、郭伯雄、徐才厚、孙政才、令计划等严重违纪案件，要求全党汲取深刻教训，坚定政治方向，明辨大是大非，严明政治纪律，维护党的团结统一。把握政策、突出重点，严肃查处十八大后不收敛、不收手，问题线索反映集中、群众反映强烈，现在重要岗位且可能还要提拔使用的领导干部，把三类情况同时具备的作为重中之重。严肃查处把原则和纪律挂在嘴上，背后却大搞权钱交易、官商勾结、利益输送的典型；表面上理想信念坚定，背地里却拜大师、做法会，不信马列信鬼神的典型，发挥了震慑和警示作用。

立足教育挽救，突出执纪审查的政治性。发挥思想政治工作优势，把学习党章作为审查谈话第一课，让审查对象重读入党誓词，重温入党志愿书，用理想信念教育转化，唤醒激情燃烧岁月的记忆，使其认识错误，写出反思材料，真心向党忏悔。对审查初期执迷不悟的，审查组临时党支部为其过组织生活，促使思想转变、幡然醒悟，主动交代组织不掌握的问题。一份份忏悔录是历史的真实记录，反映出审查对象思想转变过程，展现出我们党直面问题的勇气和自我净化的能力。

惩治群众身边的腐败，为脱贫攻坚提供有力保障。中央纪委开展专题调研，召开扶贫领域监督执纪问责工作电视电话会议，部署专项整治，重点对25个省区市263个问题督查督办，通报曝光42起典型案例。省区市党委和纪委聚焦扶贫民生领域，开展专项巡视巡察，建立问题线索移送查处协调工作机制，精准识别、精准研判。突出审查重点，加大对"小官大贪"惩处力度，严肃查处贪污挪用、截留私分、优亲厚友、虚报冒领，"雁过拔毛"、强占掠夺问题，对胆敢向扶贫资金财物"动奶酪"的严惩不贷。对搞数字脱贫、虚假脱贫的，对扶贫工作不务实不扎实、脱贫结果不真实、发现问题不整改的严肃问责。2014年以来，对乱作为、不作为的3.2万名基层党员干部严肃追责。五年来，全国纪检监察机关共处分村党支部书记、村委会主任27.8万人。

十八大以来，经党中央批准立案审查的省军级以上党员干部及其他中管干部440人。其中，十八届中央委员、候补委员43人，中央纪委委员9人。全国纪检监察机关共接受信访举报1218.6万件（次），处置问题线索267.4万件，立案154.5万件，处分153.7万人，其中厅局级干部8900余人，县处级干部6.3万人，涉嫌犯罪被移送司法机关处理5.8万人。

（七）织密国际追逃"天网"，占据道义制高点，决不让腐败分子躲进避罪天堂

把追逃追赃作为遏制腐败蔓延的重要一环。党中央把反腐败追逃追赃提升到国家政治和外交层面，纳入反腐败工作总体部署。中央和省级反腐败协调小组设立国际追逃追赃工作办公室，建立集中统一的协调机制，加强基础工作，摸清底数，建立外逃人员数据库，制定责任追究制度，落实外逃人员所在党组织追逃责任。公布百名外逃人员红色通缉令，连续组织开展"天网行动"，因国施策、因案制宜，追拿归案一批外逃腐败分子。2014年以来，共从90多个国家和地区追回外逃人员3453名、追赃95.1亿元，"百名红通人员"中已有48人落网。

深化国际反腐败执法合作。倡导构建国际反腐败新秩序，积极参与制定相关规则，为全球反腐败治理贡献中国方案。推动联合国、二十国集团、亚太经合组织、上海合作组织、金砖国家等建立反腐败合作机制，主导制定《北京反腐败宣言》和《反腐败追逃追赃高级原则》，设立二十国集团反腐败追逃追赃研究中心，协调建立亚太经合组织反腐败执法合作网络。与美国、英国、加拿大、澳大利亚、新西兰等国建立双边执法合作机制，搭建联合调查、快速遣返、资产追缴便捷通道。

筑牢防逃堤坝，切断腐败分子后路。追逃防逃两手抓，设置防逃程序，定期开展"裸官"清理，核查个人有关事项报告情况，严格执行出入境证件管理和审批报备制度，开展打击利用地下钱庄和离岸公司转移赃款专项行动，有力遏制了人员外逃和赃款外流，构建起不敢逃、不能逃的有效机制。新增外逃人员从2014年的101人降至2015年的31人、2016年的19人，2017年1月至9月为4人。

（八）转职能转方式转作风，以创新精神推动纪检监察体制改革，完善党和国家监督体系

全面实现中央纪委和监察部合署办公。落实1993年党中央关于中央纪委、监察部合署办公的决定，实现一套工作机构、两个机关名称，中央纪委履行纪律检查和行政监察两项职能，对党中央全面负责。坚持实事求是、求真务实，内涵发展、盘活存量，依靠组织制度创新，组建中央纪委组织部、宣传部、党风政风监督室、国际合作局，增设纪检监察室，设立纪检监察干部监督室。推动纪检监察机关调整内设机构，监督执纪力量大为增强。

推动双重领导体制具体化程序化制度化。把握破与立的关系，创新体制机制，立足本届任期、立行立改。实现线索处置和执纪审查以上级纪委领导为主，建立健全向上级纪委请示报告制度。落实纪委书记、副书记提名和考察以上级纪委会同组织部门为主的要求，制定实施中央纪委派驻纪检组组长、副组长和省区市、中管企业纪委书记、副书记提名考察办法，增强纪委监督权威性。

整合资源巩固舆论阵地，牢牢把握主动权话语权。把全面从严治党融入全党宣传工作格局，加强宣传引导和舆论监督，充分发挥中央新闻媒体的重要作用，营造浓厚舆论氛围。制作播出《永远在路上》《巡视利剑》系列电视专题片，扩大中央纪委网报刊综合传播力。中央纪委常委，省区市、中央部门党委（党组）书记、纪委书记（纪检组组长）在线访谈交流，带动各级纪委网站建设新型舆论阵地。宣传优秀传统文化，传承良好家规家风，增强文化自信；公开工作流程，第一时间发布执纪审查信息，及时回应社会关切，提高透明度，去除神秘化，拓宽社会监督渠道。

推进国家监察体制改革，圆满完成试点任务。坚决贯彻党中央深化国家监察体制改革重大决策部署，构建党统一领导、权威高效的国家反腐败机构，实现对所有行使公权力的公职人员监察全覆盖，加强党和国家的自我监督。中央纪委召开26次会议深入研究，起草改革方案，抓好贯彻落实。成立中央深化国家监察体制改革试点工作领导小组，在北京、山西、浙江开展改革试点工作。试点地区完成省、市、县三级监察委员会组建工作，整合行政监察、预防腐败和检察机关查处贪污贿赂、失职渎职及预防职务犯罪等工作力量，实现人员转隶融合、机构职能和工作流程优化，探索纪律检查委员会和监察委员会合署办公条件下执纪监督与执纪审查、依法调查部门分设，同司法机关既有机衔接又相互制衡的工作机制。试点工作取得明显成效，加强了各级党委对反腐败斗争的领导，优化了反腐败体制机制，确保惩治腐败力度不减，为改革在全国推开积累了经验。同全国人大常委会密切配合，研究制定《中华人民共和国监察法（草案）》，赋予监察委员会监督、调查、处置职责和谈话、讯问、搜查、留置等调查权限，进一步提高反腐败工作法治化水平。

（九）实践探索在前、总结提炼在后，依规治党、扎紧笼子，实现制度建设与时俱进

强化制度建设，推进标本兼治。把握三中、四中全会姊妹篇关系，将深化改革和制度创新有机结合，以党章为根本遵循，研究来龙去脉、探究理论源头，组织制定修改11部党内法规。坚持问题导向，提炼有效做法和实招，增强制度针对性和实效性。坚持实践探索先行，将管党治党创新成果固化为法规制度。坚持有理想但不理想化，兼顾必要性和可行性，把制定单部法规置于制度体系建设中综合考量，使党内法规与国家法律协调衔接，依规治党和依法治国相互促进、相得益彰。

以德为先、立根固本，制定廉洁自律准则。将《中国共产党党员领导干部廉洁从政若干准则》修改为《中国共产党廉洁自律准则》，紧扣廉洁自律主题，坚持正面倡导，突出重点、化繁为简，将适用对象扩大到全体党员，倡导正确处理公与私、廉与腐、俭与奢、苦与乐的关系；对领导干部廉洁从政、廉洁用权、廉洁修身、廉洁齐家提出更高要求，为党员和领导干部树立起高标准。

修订党纪处分条例，实现纪法分开。坚持纪严于法、纪在法前，把党章党规中的纪律要求具体化，明确政治纪律、组织纪律、廉洁纪律、群众纪律、工作纪律和生活纪律等六项纪律。把政治纪律放在首位，对不执行党的路线方针政策、搞团团伙伙、对抗组织审查等行为作出纪律处分规定，把落实中央八项规定精神的要求转化为纪律，新增侵害群众利益、漠视群众诉求等违纪条款，使纪律真正成为管党治党的尺子。

坚持信任不能代替监督，完善党内监督制度体系。修订《中国共产党党内监督条例》，围绕理论、思想、制度构建体系，围绕权力、责任、担当设计制度，对中央委员会、中央政治局、中央政治局常务委员会及其成员的监督职责作出规定，加强自上而下的组织监督，发挥同级相互监督作用，强化党委（党组）及其工作部门、纪委（纪检组）的监督责任，推动党内监督同民主党派监督、群众监督、舆论监督结合，完善监督体系。

（十）坚持打铁还需自身硬，培养严实深细作风，建设忠诚干净担当的队伍

提高政治觉悟，强化政治担当。党中央高度重视纪检监察队伍建设，要求解决"谁来监督纪委"问题，防止"灯下黑"。各级纪委落实党建工作责任，认真开展群众路线教育实践活动、"三严三实"专题教育、"两学一做"学习教育，改进工作作风，转变会风文风，精简会议文件。中央纪委主要领导同志为机关全体党员讲党课，机关局处级干部定期接访，经常开展谈心家访，增强宗旨意识和群众工作本领。在巡视组、审查组成立临时党支部，充分发挥战斗堡垒作用。

坚持党管干部原则，德才兼备选人用人。突出好干部标准，拓宽选人用人视野，把纪检监察干部放在党的干部队伍中统筹使用、锻炼、培养。做好省市县乡纪委换届工作，把政治强、作风硬、敢担当、善作为的干部选拔出来、使用起来，选优配强领导班子。着眼事业长远发展，面向全党扩大系统内外干部交流，加大轮岗交流，促进多岗位锻炼，干部来源和出路更加广阔。坚持严管就是厚爱，加强日常管理监督，强化政治和业务培训。十八大以来，中央纪委机关、派驻纪检组干部交流1314人次，培训各级纪检监察干部17.8万人次，纪检监察队伍精神风貌、能力素质明显提升。

推动派驻全覆盖，擦亮监督探头。实现中央一级党和国家机关全面派驻纪检机构，统一名称、统一管理。实行单独派驻和综合派驻相结合，共设立47家派驻纪检组，监督139家单位。各级纪委加强对派驻纪检组的领导，定期听取工作汇报、约谈纪检组组长。强化对被监督单位领导班子及其成员的监督，提高发现和解决问题能力。统筹选拔派驻干部，对不敢担当、不愿监督的进行组织调整，对失职失责的严肃问责。各省区市实现省级纪委全面派驻，稳步推进市地一级纪委派驻全覆盖。

制定实施监督执纪工作规则，强化自我约束。制定《中国共产党纪律检查机关监督执纪工作规则（试行）》，把纪委的权力关进制度笼子，回应党内关切和群众期盼。在纪检监察系统开展会员卡清退活动，通报曝光违反中央八项规定精神的纪检监察干部。排查清理干部职工及配偶经商办企业、干部配偶子女移居国（境）外等情况，开展干部档案专项审核和个人有关事项报告抽查核实。制作播出《打铁还需自身硬》等专题片，印发违纪违法干部忏悔录。严明审查纪律，开展"一案双查"，坚决清理门户，对执纪违纪的坚决查处、失职失责的严肃问责、不适合从事纪检监察工作的坚决调离。十八大以来，中央纪委机关立案查处22人，组织调整

24人,谈话函询232人;全国纪检系统处分1万余人,组织处理7600余人,谈话函询1.1万人。

五年来,在党中央坚强领导下,中央纪委和各级纪律检查委员会忠实履职,助力全面从严治党,经受了锤炼和考验。经过全党全社会共同努力,全面从严治党取得重大成效,党内政治生活气象更新,党内政治生态明显好转,树立起忠诚干净担当的价值导向;纪律建设全面加强,人民群众对作风建设成效交口称赞;腐败蔓延势头得到有力遏制,反腐败斗争压倒性态势已经形成并巩固发展,我们党在革命性锻造中浴火重生,焕发出新的强大生机活力。全面从严治党,维护了党中央集中统一领导,使党的面貌焕然一新,党心民心更加凝聚,党执政的政治基础更加牢固,中国特色社会主义道路自信、理论自信、制度自信、文化自信更加坚定。

在充分肯定成绩的同时,也要清醒看到,党风廉政建设和反腐败斗争形势依然严峻复杂,滋生腐败的土壤依然存在,消除存量、遏制增量任务依然艰巨繁重,全面从严治党依然任重道远。影响党内政治生活、政治生态的消极因素尚未根除,党的领导弱化、党的建设缺失、全面从严治党不力问题还没有彻底解决,有的党组织执行党章党规党纪不严格,贯彻党的路线方针政策不坚决、不到位,一些地方和部门不正之风和腐败问题仍然多发,"四风"问题反弹回潮隐患仍然存在。有的领导干部管党治党责任意识不强,缺乏担当精神,压力传导存在层层递减现象,群众身边的腐败问题依然多发。实践"四种形态"

特别是用好第一种形态，真正落实抓早抓小还需做大量工作。有的纪检监察干部作风不严不实，思想政治水准和把握政策能力亟待提高，少数干部严重违反审查纪律，跑风漏气、说情抹案、以案谋私。纪检监察工作同党中央要求和群众期盼还有一定差距，必须高度重视，认真解决。

二、五年来的工作体会

党的纪律检查工作取得的成绩，归其根本得益于以习近平同志为核心的党中央旗帜鲜明、立场坚定、意志品质顽强、领导坚强有力；得益于各级党组织和广大党员的共同努力；得益于人民群众积极支持和广泛参与；得益于纪检监察机关和纪检监察干部的辛劳和智慧。

第一，党的领导是中国特色社会主义最本质特征，必须全面从严治党，承载起新时代的使命，为实现中华民族伟大复兴提供根本保证。党政军民学、东西南北中，党是领导一切的。党的领导是历史的必然、人民的选择。从1840年起，不甘屈辱的中华民族就踏上实现伟大复兴的征程，无数志士仁人前赴后继，探求救亡图存的道路。中国共产党在民族蒙受苦难的逆境中应运而生，带领中国人民站立起来，使中华民族重新屹立于世界民族之林。矗立在天安门广场的人民英雄纪念碑碑文和浮雕，清晰展现了自鸦片战争以来中国人民浴血奋斗的艰辛历程，折射出实现中华民族伟大复兴的坚强意志。一代又一代共产党人接续奋斗，成功开辟中国特色社会主义道路，中华民族迎来伟大复兴的光明前景。实现"两个一百年"奋斗目标是党的庄严承诺，中国梦激发出13亿多人民的力量，昭示着一个新时代的开启。以习近平同志为核心的党中央，不仅将带领全党全国人民实现第一个百年目标，而且要为实现第二个百年目标奠定坚实基础。办好中国的事情关键在党，坚持党的领导是当代中国最高政治原则，必须体现在坚定理想信念宗旨、执行党的路线方针政策，体现在坚持党管干部、选对人用好人，树立鲜明价值观和政治导向上。治国必先治党，治党务必从严。只有全面从严治党，才能把全党凝聚起来，统一思想、统一行动，确保党中央的大政方针和决策部署落到实处，不断增强人民群众对党的信心、信任和信赖。要牢记党的历史使命，以许党许国、报党报国的担当，坚定不移全面从严治党，推进新时代党的建设新的伟大工程，确保党始终成为中国特色社会主义事业坚强领导核心。

第二，习近平新时代中国特色社会主义思想是强大思想武器和行动指南，深化"两学一做"必须树立优良学风，学思践悟，内化于心、外化于行。五年来党和国家事业的每一步发展，都伴随深入学习贯彻习近平总书记系列重要讲话精神，不断在坚持中深化、在深化中坚持。系列重要讲话无不源自于党章，体现着党的理想信念宗旨和路线方针政策；无不密切联系世情国情党情，针对突出矛盾，破解现实难题；无不源自于党史、国史和中华文明史，处处彰显"四个自信"。

系列重要讲话坚持马克思主义基本原理，紧密结合新的时代特点和实践要求，以全新的视野，从理论和实践的结合上系统回答了新时代坚持和发展什么样的中国特色社会主义，怎样坚持和发展中国特色社会主义这个重大时代课题，形成了习近平新时代中国特色社会主义思想，这是马克思主义中国化的最新成果。要伴随着"两学一做"学习教育常态化制度化，用新的科学理论武装头脑，指导新的实践。学风关乎党风。要切实端正学风，把自己摆进去，紧密联系实际，全面、科学、准确地学习领会，把握思想理论脉络和历史文化源流，掌握蕴含的哲学方法和科学精神。学思践悟，关键是用心去学、融会贯通，学以致用、知行合一，把自己的职责同实现两个百年奋斗目标和中华民族伟大复兴结合起来，提高政治站位和政治觉悟，认识上不断深化、行动上得以落实。增强"四个意识"是动态过程，学习领会要永不停步，始终在思想和行动上向核心看齐，同党中央保持高度一致。

第三，有自信才能有定力，必须铸牢理想信念宗旨这个政治灵魂，把道路自信、理论自信、制度自信、文化自信真正确立起来。文化自信是民族自信的源头，历史文化传统决定道路选择。中华民族从5000年绵延不断的悠久历史中走来，创造出博大精深的中华文化，孕育出世界上唯一没有断流的中华文明。孝悌忠信礼义廉耻的文化基因世代相传，为中华文明注入深厚的伦理责任和家国情怀，赋予我们民族强大的统一性、内聚力和自折不挠的品格。中华民族自古就坚守着历史传统,任何外来文化进入中国最终都被中国化。中国共产党继承了中华民族的文化根脉和精神追求,中国特色社会主义道路是中华民族悠久历史的延续。马克思主义中国化的过程,就是同中华传统文化精华相融合、与中国具体实践相结合的过程,文化自信是对"中国特色"的最好诠释。昨天、今天和明天,历史、现实和未来一脉相承。中国的未来决不是西化,而是中国特色社会主义现代化,这不是发展阶段的差异,其重要原因在于文化基因的不同。人不自信,谁人信之?中华优秀文化是我们民族的根和魂,共产党人为之奋斗的理想和目标蕴含着中华民族的价值追求,要从中华传统文化精华中汲取智慧和力量,坚定对马克思主义的信仰、对社会主义和共产主义的信念、全心全意为人民服务的宗旨,始终对党的事业、国家命运、民族前途满怀信心。

第四,坚持党的领导关键在加强党的建设,必须尊崇党章,坚持高标准和守底线相结合,依规治党和以德治党相统一。党章是管党治党的总章程,集中体现了党的思想和行动纲领,每一条都凝结着党的建设的历史经验。党章规定的理想信念宗旨就是共产党人的"德",党性教育是共产党人的"心学"。中华民族的道德规范向来是追求高标准。依法治国,公民不能都踩到法律底线;依规治党,党员也决不能全站在纪律的边缘。要坚持高标准在前,把理想信念坚定起来、宗旨意识确立起来,培养高尚道德情操,弘扬优良传统和作风。纪律和规矩是道德的保障,崇德向善必须与遵规守纪相辅而行。依规治党和以德治党有机结合，思想建党与制度治党相互促进，是十八大以来管党治党兴党的重要经验，标志着我们党对执政党建设规律的认识进入新境界。全面从严治党，要以党章为根本遵循，既抓住党内政治生活这个根本，加强党性和道德教育，固本培元，又要扎紧制度笼子，释放制度蕴含的力量，强化刚性约束。坚持高标准毫不动摇，守住纪律底线一寸不让，实现自律与他律相结合，以治标促进治本，以治本巩固治标成果，不断增强党的先进性和纯洁性。

第五，惩前毖后、治病救人是党的一贯方针，必须坚持纪严于法，运用"四种形态"，惩治极少数、教育大多数。全面从严治党，不只是惩治极少数严重违纪并已涉嫌违法的人，更要用严明的纪律管全党、治全党。党的先锋队性质和执政地位决定，党规党纪严于国家法律，党员要自觉遵守党的纪律，模范遵守国家法律。违法必先违纪。把纪律挺在法律的前面，发现问题及时纠正，就能防止小错酿成大错。纪委是维护党纪的政治机关，不等同于党内的"公检法"，监督执纪问责是政治工作，应当体现思想政治水平。对犯错误的同志要用党章党纪去教育感化、用理想信念宗旨去启发觉悟，让他们认识背离信仰和宗旨所犯的错误，重新回到正确的轨道上来。政策和策略是党的生命，监督执纪"四种形态"为全面从严治党提供了政策和抓手。信任不能代替监督，信任是前提，监督是保障。要强化日常管理监督，在运用第一种形态上下功夫，发现违纪苗头就及时谈心提醒，收到问题反映要严肃认真分析，属于第一种形态就约谈函询，抓早抓小、动辄则咎。对违反纪律的同志要从严批评教育，执纪中坚持以事实为依据、以党纪为尺子，综合考虑知错悔过态度。要准确把握"树木"与"森林"关系，转变监督执纪方式，运用好"四种形态"，让"红红脸、出出汗"成为常态；党纪轻处分、组织调整成为违纪处理的大多数；党纪重处分、重大职务调整的成为少数；严重违纪涉嫌违法立案审查的成为极少数。

第六，全面从严治党永远在路上，必须用辩证唯物主义和历史唯物主义驾驭现实，以历史、哲学和文化的思考支撑信心。党章里之所以写着马克思列宁主义，是因为中国共产党的信仰和信念源自于此，认识论和方法论也源自于此，要坚持用马克思主义的立场、观点和方法审视现实、把握未来。历史是最好的老师，今天遇到的很多事情都可以从历史中找到相似的事件，现实中存在的许多问题也都有着历史的成因。要追根溯源，进行历史回放，把当前遇到的问题与挑战放到历史的时空中去认识。要运用辩证法、坚持两点论，讲成绩不要忘记问题，说问题更要看到取得巨大成绩的背景。腐败，自有人类文明史以来就一直存在，古今中外、概莫能外，只不过有时轻有时重。任何公权力都面临被腐蚀的危险，执政党永远会面对与腐败的斗争。我们一党长期执政，实现自我净化是很大的挑战，能否以自我革命的勇气，实现监督全覆盖，形成发现问题、纠正偏差的有效机制，直接关乎党的执政能力和治理水平。党和国家的治理体系包括两个方面：依规治党，依据党章党规党纪管党治党建设党；依法治国，依据宪法法律法规治国理政。党既要加强对自身的监督，又要强化对国家机器的监督，把自我监督同人民群众的监督结合起来，把党内监督同国家监察统一起来，推进治理体系和治理能力现代化，不断增强自我净化、自我完善、自我革新、自我提高能力，探索出一条党在长期执政条件下强化自我监督的有效途径。

第七，民心向背是最大的政治，必须不忘初心，以强烈的使命担当，坚守监督执纪问责的定位，不断厚植党执政的政治基础。 千里之行、始于足下，艰难困苦、玉汝于成。我们党自成立就高擎理想信念的旗帜，以"为有牺牲多壮志，敢教日月换新天"的担当精神，历尽苦难而淬火成钢，使党的事业薪火相传。担当是共产党人的脊梁精神，权力就是责任、责任就要担当，权力有多大、责任担当就要有多大。空谈误国、实干兴邦。万里长征是一步步走过来的，中国特色社会主义道路是一步步探索出来的。相对于中华民族伟大复兴的漫漫征程，我们迈出的每一步都是新起点、再出发。要坚持不断发展论和发展阶段论相统一，想得要深要远，干得要实要细，积小成为大成，积跬步至千里。得民心者得天下。无论走得多远也不能忘记为什么出发，人民对美好生活的向往始终是我们的奋斗目标。纪律检查委员会肩负着维护党的章程和党的纪律的重任，监督执纪问责是职责所在。要坚持以人民为中心，把群众高兴不高兴、满意不满意、答应不答应作为检验标准,聚焦中心任务,守住职责定位,以更加坚定的信念和无私无畏的勇气,当好政治生态"护林员",用担当诠释对党和人民的忠诚。

三、今后五年的工作建议

中国共产党第十九次全国代表大会,是在全面建成小康社会决胜阶段、中国特色社会主义进入新时代的关键时期召开的一次十分重要的大会。党要团结带领人民进行伟大斗争,推进伟大事业,实现伟大梦想,就必须毫不动摇坚持和完善党的领导,毫不动摇推进新时代党的建设新的伟大工程,坚持党要管党、全面从严治党,不断增强系统性创造性实效性,把我们的党建设好建设强。

要高举中国特色社会主义伟大旗帜,以马克思列宁主义、毛泽东思想、邓小平理论、"三个代表"重要思想、科学发展观、习近平新时代中国特色社会主义思想为指导,全面落实十九大作出的战略部署,统筹推进"五位一体"总体布局和协调推进"四个全面"战略布局,增强"四个意识"、坚定"四个自信",不忘初心、牢记使命,紧紧围绕党的领导、党的建设、全面从严治党、党风廉政建设和反腐败斗争,紧紧围绕维护党中央权威和集中统一领导,推动党内政治生态实现根本好转,履行党章赋予的监督执纪问责职责,建设忠诚干净担当的纪检监察队伍,为决胜全面建成小康社会、夺取新时代中国特色社会主义伟大胜利提供坚强保证,为实现中华民族伟大复兴的中国梦不懈奋斗。

（一）全面贯彻十九大精神，坚决服从和维护以习近平同志为核心的党中央集中统一领导

全面贯彻落实十九大精神是当前和今后一个时期全党的首要政治任务。广大纪检监察干部要原原本本学习十九大报告和党章，深入学习领会习近平新时代中国特色社会主义思想，准确把握十九大确立的重大判断、重大战略、重大任务，把思想和行动统一到十九大精神上来。紧密结合纪律检查工作实际，贯彻新时代中国特色社会主义基本方略，旗帜鲜明坚持党对一切工作的领导，毫不动摇地推进全面从严治党。要以政治建设为统领，把讲政治的要求贯穿于全面从严治党全过程，坚决维护党中央权威和集中统一领导，加强对十九大精神和党章党规执行情况的监督检查，保证党员领导干部牢固树立"四个意识"，自觉向以习近平同志为核心的党中央看齐，保证党的基本理论、基本路线、基本方略得到贯彻落实。严明政治纪律和政治规矩，决不允许自行其是、各自为政，有令不行、有禁不止，确保党中央政令畅通。

（二）坚持思想建党和制度治党相结合，提高管党治党能力和水平

坚持依规治党和以德治党有机统一，引导党员干部坚定理想信念宗旨，坚定"四个自信"，永葆共产党人政治本色。聚焦党内政治生活，用好批评和自我批评武器，同违反党的纪律行为作坚决斗争。牵住主体责任"牛鼻子"，严格执行问责制度，推动全面从严治党向基层延伸，把管党治党责任落到实处。全面加强纪律建设，深入开展纪律教育，强化党组织自上而下的监督，运用监督执纪"四种形态"。紧盯"关键少数"特别是一把手，严把政治关廉洁关，用严明的纪律和严格的监督使党员领导干部知敬畏、存戒惧、守底线。

（三）把落实中央八项规定精神化作自觉行动，坚持不懈改进作风

发扬钉钉子精神，驰而不息抓好作风建设，盯紧享乐主义和奢靡之风，克服形式主义和官僚主义，密切关注新动向，着力解决人民群众反映强烈的问题，决不让"四风"反弹回潮。构建作风建设长效机制，发挥党员领导干部的示范引领作用，激发群众监督正能量，把作风建设不断引向深入。要继承和发展中华优秀传统文化，弘扬真善美、抑制假恶丑，引导党员干部培育良好家风，发挥乡规民约作用，营造向善向上的氛围，推动社会风气持续好转。

（四）完善党内监督体制机制，全面落实深化国家监察体制改革部署

发挥党内监督与中国特色社会主义民主监督相结合的优势，落实党内监督各项制度，不断深化政治巡视，做到一届任期内对所辖地方、部门和企事业单位全覆盖。创新方式方法，不断增强针对性，保持震慑力。深化省区市巡视工作，推进中央单位巡视和市县巡察工作，构建上下联动的监督网。健全派驻机构领导体制和工作机制，加强统一管理，完善考核机制。不断拓宽监督渠道，实现党内监督与国家机关监督、民主监督、司法监督、群众监督、舆论监督有机结合。

按照中央确定的时间表和路线图，将国家监察体制改革试点工作在全国各地推开，组建省市县监察委员会；在十三届全国人大一次会议审议通过国家监察法、设立国家监察委员会、产生国家监察委员会组成人员，实现纪律检查委员会和监察委员会合署办公。各省区市要密切联系本地区实际，结合改革试点经验，按照党中央决策部署统筹谋划，推动机构整合、人员融合和工作流程磨合。完善监察委员会运行机制，统一设置内设机构，探索合署办公条件下执纪监督与执纪审查相互制约、执纪与执法相互衔接的实现路径，使全面从严治党与全面深化改革、全面依法治国有机统一。

（五）强化不敢腐的震慑，扎牢不能腐的笼子，增强不想腐的自觉，夺取反腐败斗争压倒性胜利

充分认识反腐败斗争形势依然严峻复杂，加强党对反腐败工作的统一领导，坚持无禁区、全覆盖、零容忍，坚持重遏制、强高压、长震慑，力度不减、节奏不变，减少腐败存量，重点遏制增量，严肃查处对党不忠诚、阳奉阴违的问题；重点查处政治问题和腐败问题通过利益输送相互交织，在党内培植个人势力、结成利益集团的行为；围绕打赢脱贫攻坚战，加强基层党风廉政建设，坚决查处侵害群众利益的腐败问题，让人民群众有更多获得感。继续深化反腐败国际合作，让已经潜逃的无处藏身，让企图外逃的丢掉幻想。强化警示教育，充分发挥典型案例和违纪违法干部忏悔录的反面教材作用。推进标本兼治，靠加大惩治力度，形成持续震慑，巩固不敢腐；靠深化改革，健全制度，完善激励和约束机制，促进不能腐；靠坚定理想信念宗旨，选对人用好人，弘扬优秀传统文化，牢固树立"四个自信"，强化不想腐。

（六）建设让党放心、人民信赖的纪检监察队伍

广大纪检监察干部要始终对党忠诚，扎实开展以学习实践习近平新时代中国特色社会主义思想为重点的"不忘初心、牢记使命"主题教育，提高思想政治水准和把握政策能力，做敢于担当的表率。坚持党管干部原则和好干部标准，真正把对党忠诚、德才兼备的好干部用起来；加大干部轮岗、交流和培训力度，不断提高干部队伍的能力水平，增强生机活力。落实党建工作责任，充分发挥机关党委、纪委和干部监督机构作用。认真执行监督执纪工作规则，强化自我监督，自觉接受党内监督和社会监督。要领好班子、带好队伍，以坚定的理想信念和铁的纪律，建设忠诚于党的事业的干部队伍。

让我们紧密团结在以习近平同志为核心的党中央周围，开拓创新、奋发进取，坚定不移全面从严治党，锲而不舍把党风廉政建设和反腐败斗争引向深入，为实现"两个一百年"奋斗目标，实现中华民族伟大复兴的中国梦而不懈奋斗！

（新华社北京 10 月 29 日电）

《人民日报》（2017 年 10 月 30 日 01 版）

中国共产党第十九次全国代表大会关于十八届中央委员会报告的决议

(二〇一七年十月二十四日中国共产党第十九次全国代表大会通过)

中国共产党第十九次全国代表大会批准习近平同志代表十八届中央委员会所作的报告。大会高举中国特色社会主义伟大旗帜,以马克思列宁主义、毛泽东思想、邓小平理论、"三个代表"重要思想、科学发展观、习近平新时代中国特色社会主义思想为指导,分析了国际国内形势发展变化,回顾和总结了过去五年的工作和历史性变革,作出了中国特色社会主义进入了新时代、我国社会主要矛盾已经转化为人民日益增长的美好生活需要和不平衡不充分的发展之间的矛盾等重大政治论断,深刻阐述了新时代中国共产党的历史使命,确立了习近平新时代中国特色社会主义思想的历史地位,提出了新时代坚持和发展中国特色社会主义的基本方略,确定了决胜全面建成小康社会、开启全面建设社会主义现代化国家新征程的目标,对新时代推进中国特色社会主义伟大事业和党的建设新的伟大工程作出了全面部署。大会通过的十八届中央委员会的报告,描绘了决胜全面建成小康社会、夺取新时代中国特色社会主义伟大胜利的宏伟蓝图,进一步指明了党和国家事业的前进方向,是全党全国各族人民智慧的结晶,是我们党团结带领全国各族人民在新时代坚持和发展中国特色社会主义的政治宣言和行动纲领,是马克思主义的纲领性文献。

大会认为,报告阐明的大会主题对我们党带领人民奋发图强、开拓前进具有十分重大的意义。全党要不忘初心,牢记使命,高举中国特色社会主义伟大旗帜,决胜全面建成小康社会,夺取新时代中国特色社会主义伟大胜利,为实现中华民族伟大复兴的中国梦不懈奋斗。

大会高度评价十八届中央委员会的工作。党的十八大以来的五年,是党和国家发展进程中极不平凡的五年,改革开放和社会主义现代化建设取得了历史性成就。五年来,以习近平同志为核心的党中央以巨大的政治勇气和强烈的责任担当,提出一系列新理念新思想新战略,出台一系列重大方针政策,推出一系列重大举措,推进一系列重大工作,解决了许多长期想解决而没有解决的难题,办成了许多过去想办而没有办成的大事,推动党和国家事业发生历史性变革。以习近平同志为核心的党中央勇于面对党面临的重大风险考验和党内存在的突出问题,以顽强意志品质正风肃纪、反腐惩恶,消除了党和国家内部存在的严重隐患,党内政治生活气象更新,党内政治生态明显好转,党的创造力、凝聚力、战斗力显著增强，党的团结统一更加巩固，党群关系明显改善，党在革命性锻造中更加坚强，焕发出新的强大生机活力，为党和国家事业发展提供了坚强政治保证。五年来的成就是全方位的、开创性的，五年来的变革是深层次的、根本性的。

大会强调，经过长期努力，中国特色社会主义进入了新时代，这是我国发展新的历史方位。中国特色社会主义进入新时代，我国社会主要矛盾已经转化为人民日益增长的美好生活需要和不平衡不充分的发展之间的矛盾。我国社会主要矛盾的变化是关系全局的历史性变化，对党和国家工作提出了许多新要求。我们要在继续推动发展的基础上，着力解决好发展不平衡不充分问题，大力提升发展质量和效益，更好满足人民在经济、政治、文化、社会、生态等方面日益增长的需要，更好推动人的全面发展、社会全面进步。

大会强调，围绕回答新时代坚持和发展什么样的中国特色社会主义、怎样坚持和发展中国特色社会主义这个重大时代课题，我们党以全新的视野深化对共产党执政规律、社会主义建设规律、人类社会发展规律的认识，进行艰辛理论探索，取得重大理论创新成果，创立了习近平新时代中国特色社会主义思想。习近平新时代中国特色社会主义思想，是对马克思列宁主义、毛泽东思想、邓小平理论、"三个代表"重要思想、科学发展观的继承和发展，是马克思主义中国化最新成果，是党和人民实践经验和集体智慧的结晶，是中国特色社会主义理论体系的重要组成部分，是全党全国人民为实现中华民族伟大复兴而奋斗的行动指南,必须长期坚持并不断发展。

大会强调,坚持党对一切工作的领导,坚持以人民为中心,坚持全面深化改革,坚持新发展理念,坚持人民当家作主,坚持全面依法治国,坚持社会主义核心价值体系,坚持在发展中保障和改善民生,坚持人与自然和谐共生,坚持总体国家安全观,坚持党对人民军队的绝对领导,坚持"一国两制"和推进祖国统一,坚持推动构建人类命运共同体,坚持全面从严治党,这十四条构成新时代坚持和发展中国特色社会主义的基本方略。全党同志必须全面贯彻党的基本理论、基本路线、基本方略,更好引领党和人民事业发展。

大会提出,从现在到二〇二〇年,是全面建成小康社会决胜期。要按照十六大、十七大、十八大提出的全面建成小康社会各项要求,突出抓重点、补短板、强弱项,特别是要坚决打好防范化解重大风险、精准脱贫、污染防治的攻坚战,使全面建成小康社会得到人民认可、经得起历史检验。

大会认为,从十九大到二十大,是"两个一百年"奋斗目标的历史交汇期。我们既要全面建成小康社会、实现第一个百年奋斗目标,又要乘势而上开启全面建设社会主义现代化国家新征程,向第二个百年奋斗目标进军。综合分析国际国内形势和我国发展条件,从二〇二〇年到本世纪中叶可以分两个阶段来安排。第一个阶段,从二〇二〇年到二〇三五年,在全面建成小康社会的基础上,再奋斗十五年,基本实现社会主义现代化。第二个阶段，从二〇三五年到本世纪中叶，在基本实现现代化的基础上，再奋斗十五年，把我国建成富强民主文明和谐美丽的社会主义现代化强国。

大会同意报告关于我国社会主义经济建设、政治建设、文化建设、社会建设、生态文明建设的部署。大会强调，要贯彻新发展理念、建设现代化经济体系，坚持质量第一、效益优先，以供给侧结构性改革为主线，推动经济发展质量变革、效率变革、动力变革，着力加快建设实体经济、科技创新、现代金融、人力资源协同发展的产业体系，着力构建市场机制有效、微观主体有活力、宏观调控有度的经济体制，不断增强我国经济创新力和竞争力。要深化供给侧结构性改革，加快建设创新型国家，实施乡村振兴战略，实施区域协调发展战略，加快完善社会主义市场经济体制，推动形成全面开放新格局，努力实现更高质量、更有效率、更加公平、更可持续的发展。要健全人民当家作主制度体系、发展社会主义民主政治，坚持党的领导、人民当家作主、依法治国有机统一，加强人民当家作主制度保障，发挥社会主义协商民主重要作用，深化依法治国实践，深化机构和行政体制改革，巩固和发展爱国统一战线，巩固和发展生动活泼、安定团结的政治局面。要坚定文化自信、推动社会主义文化繁荣兴盛，牢牢掌握意识形态工作领导权，培育和践行社会主义核心价值观，加强思想道德建设，繁荣发展社会主义文艺，推动文化事业和文化产业发展，激发全民族文化创新创造活力。要提高保障和改善民生水平、加强和创新社会治理，抓住人民最关心最直接最现实的利益问题，优先发展教育事业，提高就业质量和人民收入水平，加强社会保障体系建设，坚决打赢脱贫攻坚战，实施健康中国战略，打造共建共治共享的社会治理格局，有效维护国家安全，使人民获得感、幸福感、安全感更加充实、更有保障、更可持续。要加快生态文明体制改革、建设美丽中国，推进绿色发展，着力解决突出环境问题，加大生态系统保护力度，改革生态环境监管体制，推动形成人与自然和谐发展现代化建设新格局。

大会强调，面对国家安全环境的深刻变化，面对强国强军的时代要求，必须坚持走中国特色强军之路，全面贯彻习近平强军思想，贯彻新形势下军事战略方针，建设强大的现代化陆军、海军、空军、火箭军和战略支援部队，打造坚强高效的战区联合作战指挥机构，构建中国特色现代作战体系，全面推进国防和军队现代化，把人民军队建设成为世界一流军队。

大会强调，保持香港、澳门长期繁荣稳定，必须全面准确贯彻"一国两制"、"港人治港"、"澳人治澳"、高度自治的方针，严格依照宪法和基本法办事，让香港、澳门同胞同祖国人民共担民族复兴的历史责任、共享祖国繁荣富强的伟大荣光。必须继续坚持"和平统一、一国两制"方针，扩大两岸经济文化交流合作，推动两岸同胞共同弘扬中华文化，推动两岸关系和平发展，推进祖国和平统一进程，绝不允许任何人、任何组织、任何政党、在任何时候、以任何形式、把任何一块中国领土从中国分裂出去。

大会同意报告对国际形势的分析和提出的对外工作方针,强调中国将坚持和平发展道路,高举和平、发展、合作、共赢的旗帜,恪守维护世界和平、促进共同发展的外交政策宗旨,坚定不移在和平共处五项原则基础上发展同各国的友好合作,积极促进"一带一路"国际合作,继续积极参与全球治理体系改革和建设,推动建设相互尊重、公平正义、合作共赢的新型国际关系,推动构建人类命运共同体,同世界各国人民一道建设持久和平、普遍安全、共同繁荣、开放包容、清洁美丽的世界。

大会强调,打铁必须自身硬。党要团结带领人民进行伟大斗争、推进伟大事业、实现伟大梦想,必须毫不动摇坚持和完善党的领导,毫不动摇把党建设得更加坚强有力。新时代党的建设总要求是:坚持和加强党的全面领导,坚持党要管党、全面从严治党,以加强党的长期执政能力建设、先进性和纯洁性建设为主线,以党的政治建设为统领,以坚定理想信念宗旨为根基,以调动全党积极性、主动性、创造性为着力点,全面推进党的政治建设、思想建设、组织建设、作风建设、纪律建设,把制度建设贯穿其中,深入推进反腐败斗争,不断提高党的建设质量,把党建设成为始终走在时代前列、人民衷心拥护、勇于自我革命、经得起各种风浪考验、朝气蓬勃的马克思主义执政党。

大会强调，要把党的政治建设摆在首位。全党必须增强政治意识、大局意识、核心意识、看齐意识，坚持党中央权威和集中统一领导，坚定执行党的政治路线，严格遵守政治纪律和政治规矩，在政治立场、政治方向、政治原则、政治道路上同党中央保持高度一致。

大会号召，全党全国各族人民要紧密团结在以习近平同志为核心的党中央周围，高举中国特色社会主义伟大旗帜，认真学习贯彻习近平新时代中国特色社会主义思想，锐意进取，埋头苦干，为实现推进现代化建设、完成祖国统一、维护世界和平与促进共同发展三大历史任务，为决胜全面建成小康社会、夺取新时代中国特色社会主义伟大胜利、实现中华民族伟大复兴的中国梦、实现人民对美好生活的向往继续奋斗！

（新华社北京10月24日电）

《人民日报》(2017年10月25日02版)

中国共产党第十九次全国代表大会关于十八届中央纪律检查委员会工作报告的决议

（2017年10月24日中国共产党第十九次全国代表大会通过）

中国共产党第十九次全国代表大会审查、批准十八届中央纪律检查委员会工作报告。大会充分肯定了十八届中央纪律检查委员会的工作。

大会认为，党的十八大以来，在以习近平同志为核心的党中央坚强领导下，中央纪律检查委员会和各级纪律检查委员会牢固树立政治意识、大局意识、核心意识、看齐意识，坚定中国特色社会主义道路自信、理论自信、制度自信、文化自信，自觉同党中央保持高度一致，尊崇党章，忠实履职，推动全面从严治党不断向纵深发展，反腐败斗争形成压倒性态势并巩固发展，坚定维护了党中央权威和集中统一领导，厚植党执政的政治基础，建设一支忠诚干净担当的纪检监察队伍，向党和人民交上了优异答卷。

大会要求，高举中国特色社会主义伟大旗帜，以马克思列宁主义、毛泽东思想、邓小平理论、"三个代表"重要思想、科学发展观、习近平新时代中国特色社会主义思想为指导,全面落实党的十九大作出的战略部署,统筹推进"五位一体"总体布局和协调推进"四个全面"战略布局,增强"四个意识",坚定"四个自信",不忘初心、牢记使命,紧紧围绕党的领导、党的建设、全面从严治党、党风廉政建设和反腐败斗争,推动党内政治生态实现根本好转,履行党章赋予的监督执纪问责职责,为决胜全面建成小康社会、夺取新时代中国特色社会主义伟大胜利提供坚强保证,为实现中华民族伟大复兴的中国梦不懈奋斗。

(新华社北京10月24日电)

《人民日报》(2017年10月25日02版)

中国共产党第十九次全国代表大会关于《中国共产党章程（修正案）》的决议

（2017年10月24日中国共产党第十九次全国代表大会通过）

中国共产党第十九次全国代表大会审议并一致通过十八届中央委员会提出的《中国共产党章程（修正案）》，决定这一修正案自通过之日起生效。

大会认为，党的十八大以来，以习近平同志为主要代表的中国共产党人，顺应时代发展，从理论和实践结合上系统回答了新时代坚持和发展什么样的中国特色社会主义、怎样坚持和发展中国特色社会主义这个重大时代课题，创立了习近平新时代中国特色社会主义思想。习近平新时代中国特色社会主义思想是对马克思列宁主义、毛泽东思想、邓小平理论、"三个代表"重要思想、科学发展观的继承和发展，是马克思主义中国化最新成果，是党和人民实践经验和集体智慧的结晶，是中国特色社会主义理论体系的重要组成部分，是全党全国人民为实现中华民族伟大复兴而奋斗的行动指南，必须长期坚持并不断发展。在习近平新时代中国特色社会主义思想指导下，中国共产党领导全国各族人民，统揽伟大斗争、伟大工程、伟大事业、伟大梦想，推动中国特色社会主义进入了新时代。大会一致同意，在党章中把习近平新时代中国特色社会主义思想同马克思列宁主义、毛泽东思想、邓小平理论、"三个代表"重要思想、科学发展观一道确立为党的行动指南。大会要求全党以习近平新时代中国特色社会主义思想统一思想和行动，增强学习贯彻的自觉性和坚定性，把习近平新时代中国特色社会主义思想贯彻到社会主义现代化建设全过程、体现到党的建设各方面。

大会认为，中国特色社会主义文化是中国特色社会主义的重要组成部分，是激励全党全国各族人民奋勇前进的强大精神力量。大会同意把中国特色社会主义文化同中国特色社会主义道路、中国特色社会主义理论体系、中国特色社会主义制度一道写入党章，这有利于全党深化对中国特色社会主义的认识、全面把握中国特色社会主义内涵。大会强调，全党同志要倍加珍惜、长期坚持和不断发展党历经艰辛开创的这条道路、这个理论体系、这个制度、这个文化，高举中国特色社会主义伟大旗帜，坚定道路自信、理论自信、制度自信、文化自信，贯彻党的基本理论、基本路线、基本方略。

大会认为，实现中华民族伟大复兴是近代以来中华民族最伟大的梦想，是我们党向人民、向历史作出的庄严承诺。大会同意在党章中明确实现"两个一百年"奋斗目标、实现中华民族伟大复兴的中国梦的宏伟目标。

大会认为，党的十九大作出的我国社会主要矛盾已经转化为人民日益增长的美好生活需要和不平衡不充分的发展之间的矛盾的重大政治论断，反映了我国社会发展的客观实际，是制定党和国家大政方针、长远战略的重要依据。党章据此作出相应修改，为我们把握我国发展新的历史方位和阶段性特征、更好推进党和国家事业提供了重要指引。

大会认为，坚持以人民为中心的发展思想，坚持创新、协调、绿色、开放、共享的发展理念，协调推进全面建成小康社会、全面深化改革、全面依法治国、全面从严治党，全面建成社会主义现代化强国，反映了我们党坚持和发展中国特色社会主义的根本目的、发展理念、战略布局、战略目标。把促进国民经济更高质量、更有效率、更加公平、更可持续发展，完善和发展中国特色社会主义制度，推进国家治理体系和治理能力现代化，更加注重改革的系统性、整体性、协同性等内容写入党章，有利于推动全党把思想和行动统一到党中央科学判断和战略部署上来，树立和践行新发展理念，不断开创改革发展新局面。

大会认为，党的十八大以来，以习近平同志为核心的党中央在经济建设、政治建设、文化建设、社会建设、生态文明建设方面提出一系列新理念新思想新战略。大会同意把发挥市场在资源配置中的决定性作用，更好发挥政府作用，推进供给侧结构性改革，建设中国特色社会主义法治体系，推进协商民主广泛、多层、制度化发展，培育和践行社会主义核心价值观，推动中华优秀传统文化创造性转化、创新性发展，继承革命文化，发展社会主义先进文化，提高国家文化软实力，牢牢掌握意识形态工作领导权，不断增强人民群众获得感，加强和创新社会治理，坚持总体国家安全观，增强绿水青山就是金山银山的意识等内容写入党章。作出这些充实，对全党更加自觉、更加坚定地贯彻党的基本理论、基本路线、基本方略，统筹推进"五位一体"总体布局具有十分重要的作用。

大会认为，党的十八大以来，习近平同志就加强国防和军队建设、民族团结、"一国两制"和祖国统一、统一战线、外交工作提出一系列重要思想观点，为坚持走中国特色强军之路、维护和发展平等团结互助和谐的社会主义民族关系、推进祖国统一、推动构建人类命运共同体进一步指明了方向。大会同意，把中国共产党坚持对人民解放军和其他人民武装力量的绝对领导，贯彻习近平强军思想，坚持政治建军、改革强军、科技兴军、依法治军，建设一支听党指挥、能打胜仗、作风优良的人民军队，切实保证人民解放军有效履行新时代军队使命任务；铸牢中华民族共同体意识；坚持正确义利观，推动构建人类命运共同体，遵循共商共建共享原则，推进"一带一路"建设等内容写入党章。充实这些内容，有利于加强党对人民军队的绝对领导、提高国防和军队现代化水平，有利于加强民族团结，有利于提高我国开放型经济水平。

大会认为，党的十八大以来，我们党扎实推进全面从严治党，在加强党的建设方面进行了全方位探索，取得了许多成功经验和重大成果，必须及时体现到党章中，使之转化为全党共同意志和共同遵循。大会同意，把党的十九大确立的坚持党要管党、全面从严治党，加强党的长期执政能力建设、先进性和纯洁性建设，以党的政治建设为统领，全面推进党的政治建设、思想建设、组织建设、作风建设、纪律建设，把制度建设贯穿其中，深入推进反腐败斗争等要求写入党章，把不断增强自我净化、自我完善、自我革新、自我提高能力，用习近平新时代中国特色社会主义思想统一思想、统一行动，牢固树立政治意识、大局意识、核心意识、看齐意识，坚定维护以习近平同志为核心的党中央权威和集中统一领导，加强和规范党内政治生活，增强党内政治生活的政治性、时代性、原则性、战斗性，发展积极健康的党内政治文化，营造风清气正的良好政治生态等内容写入党章，把坚持从严管党治党作为党的建设必须坚决实现的基本要求之一写入党章。充实这些内容，使党的建设目标更加清晰、布局更加完善，有利于全党以更加科学的思路、更加有效的举措推进党的建设，不断提高党的建设质量，永葆党的生机活力。

大会认为，中国共产党的领导是中国特色社会主义最本质的特征，是中国特色社会主义制度的最大优势。党政军民学，东西南北中，党是领导一切的。大会同意把这一重大政治原则写入党章，这有利于增强全党党的意识，实现全党思想上统一、政治上团结、行动上一致，提高党的创造力、凝聚力、战斗力，确保党总揽全局、协调各方，为做好党和国家各项工作提供根本政治保证。

大会认为,总结吸收党的十八大以来党的工作和党的建设的成功经验,并同总纲部分修改相衔接,对党章部分条文作适当修改十分必要。认真学习习近平新时代中国特色社会主义思想,自觉遵守党的政治纪律和政治规矩,勇于揭露和纠正违反党的原则的言行,带头实践社会主义核心价值观,弘扬中华民族传统美德,是广大党员应尽的义务;把政治标准放在首位,是发展党员必须坚持的重要原则;实现巡视全覆盖,开展中央单位巡视、市县巡察,是巡视工作实践经验的总结,必须加以坚持和发展;明确中央军事委员会实行主席负责制,明确中央军事委员会负责军队中党的工作和政治工作,反映了军队改革后的中央军委履行管党治党责任的现实需要;调整党的总支部委员会、支部委员会每届任期期限,推进"两学一做"学习教育常态化制度化,明确国有企业党组织的地位和作用,增写社会组织中党的基层组织的功能定位和职责任务,明确各级党和国家机关中党的基层组织的职责,明确党支部的地位和作用,充实干部选拔条件和要求,调整和充实党的纪律、党的纪律检查机关部分的相关内容,等等,是党的十八大以来党的工作和党的建设成果的集中反映。把这些内容写入党章,有利于全党把握党的指导思想与时俱进,用习近平新时代中国特色社会主义思想武装头脑、指导实践、推动工作,有利于强化基层党组织政治功能,推动全面从严治党向纵深发展。

大会要求，党的各级组织和全体党员在以习近平同志为核心的党中央坚强领导下，高举中国特色社会主义伟大旗帜，以马克思列宁主义、毛泽东思想、邓小平理论、"三个代表"重要思想、科学发展观、习近平新时代中国特色社会主义思想为指导，更加自觉地学习党章、遵守党章、贯彻党章、维护党章，坚持和加强党的全面领导，坚持党要管党、全面从严治党，为决胜全面建成小康社会、夺取新时代中国特色社会主义伟大胜利、实现中华民族伟大复兴的中国梦、实现人民对美好生活的向往继续奋斗！

（新华社北京10月24日电）

《人民日报》（2017年10月25日02版）

中国共产党第十九届中央委员会第一次全体会议公报

（2017年10月25日中国共产党第十九届中央委员会第一次全体会议通过）

新华社北京10月25日电 中国共产党第十九届中央委员会第一次全体会议，于2017年10月25日在北京举行。

出席全会的有中央委员204人，候补中央委员172人。中央纪律检查委员会委员列席会议。

习近平同志主持会议并在当选中共中央委员会总书记后作了重要讲话。

全会选举了中央政治局委员、中央政治局常务委员会委员、中央委员会总书记；根据中央政治局常务委员会的提名，通过了中央书记处成员，决定了中央军事委员会组成人员；批准了十九届中央纪律检查委员会第一次全体会议选举产生的书记、副书记和常务委员会委员人选。名单如下：

一、中央政治局委员

（按姓氏笔画为序）

丁薛祥　习近平　王　晨　王沪宁　刘　鹤

许其亮　孙春兰（女）　李　希　李　强
李克强　李鸿忠　杨洁篪　杨晓渡　汪　洋
张又侠　陈　希　陈全国　陈敏尔　赵乐际
胡春华　栗战书　郭声琨　黄坤明　韩　正
蔡　奇

二、中央政治局常务委员会委员

习近平　李克强　栗战书　汪　洋　王沪宁
赵乐际　韩　正

三、中央委员会总书记

习近平

四、中央书记处书记

王沪宁　丁薛祥　杨晓渡　陈　希　郭声琨
黄坤明　尤　权

五、中央军事委员会主席、副主席、委员

主　席

习近平

副主席

许其亮　张又侠

委　员

魏凤和　李作成　苗　华　张升民

六、中央纪律检查委员会书记、副书记、常务委员会委员

书　记

赵乐际

副书记

杨晓渡　张升民　刘金国　杨晓超　李书磊

徐令义　肖　培　陈小江

常务委员会委员

（按姓氏笔画为序）

王鸿津　白少康　刘金国　李书磊　杨晓超

杨晓渡　肖　培　邹加怡（女）　张升民

张春生　陈小江　陈超英　赵乐际　侯　凯

姜信治　骆　源　徐令义　凌　激　崔　鹏

《人民日报》（2017年10月26日01版）

中国共产党第十九届中央纪律检查委员会第一次全体会议公报

（2017年10月25日中国共产党第十九届中央纪律检查委员会第一次全体会议通过）

中国共产党第十九次全国代表大会选举产生的中央纪律检查委员会，于2017年10月25日在北京举行第一次全体会议。赵乐际同志主持会议。

中央纪律检查委员会委员应到133人，实到133人。全会选举了中央纪律检查委员会书记、副书记和常务委员会委员，报中央委员会批准。

与会同志列席了中国共产党第十九届中央委员会第一次全体会议。

（新华社北京10月25日电）

《人民日报》（2017年10月26日02版）

习近平在参加党的十九大贵州省代表团讨论时强调

万众一心开拓进取把新时代中国特色社会主义推向前进

新华社北京10月19日电 习近平同志19日上午在参加党的十九大贵州省代表团讨论时强调,党的十九大报告进一步指明了党和国家事业的前进方向,是我们党团结带领全国各族人民在新时代坚持和发展中国特色社会主义的政治宣言和行动纲领。要深刻学习领会中国特色社会主义进入新时代的新论断,深刻学习领会我国社会主要矛盾发生变化的新特点,深刻学习领会分两步走全面建设社会主义现代化国家的新目标,深刻学习领会党的建设的新要求,激励全党全国各族人民万众一心,开拓进取,把新时代中国特色社会主义推向前进。

贵州省代表团讨论气氛热烈。孙志刚、谌贻琴、余留芬、潘克刚、周建琨、钟晶、杨波、张蜀新、黄俊琼等9位代表分别结合实际,对报告发表了意见,畅谈了认识体会。大家认为,党的十九大报告是一个实事求是、与时俱进,凝心聚力、催人奋进的报告,是一个动员和激励全党为决胜全面建成小康社会,夺取新时代中国特色社会主义伟大胜利,实现中华民族伟大复兴的中国梦不懈奋斗的报告,一致表示拥护这个报告。

习近平边听边记,同代表们深入讨论。六盘水市盘州市淤泥乡岩博村党委书记余留芬发言时说,广大农民对党的十九大报告提出土地承包到期后再延长30年的政策十分满意,习近平听了十分高兴,说这是要给广大农民吃个"定心丸"。遵义市播州区枫香镇花茂村党总支书记潘克刚讲到乡村农家乐旅游成为乡亲致富新路,习近平说既要鼓励发展乡村农家乐,也要对乡村旅游作分析和预测,提前制定措施,确保乡村旅游可持续发展。毕节市委书记周建琨讲到把支部建在生产小组上、发展脱贫攻坚讲习所,习近平强调,新时代的农民讲习所是一个创新,党的根基在基层,一定要抓好基层党建,在农村始终坚持党的领导。黔西南州贞丰县龙场镇龙河村卫生室医生钟晶讲到农村医疗保障问题,习近平详细询问现在农民一年交多少医疗保险费、贫困乡村老百姓生产生活条件有没有改善。贵州六盘水市钟山区大湾镇海嘎村党支部第一书记杨波谈了自己连续8年坚持当驻村第一书记、带领乡亲脱贫致富的体会,习近平表示,对在脱贫攻坚一线的基层干部要关心爱护,各方面素质好、条件具备的要提拔使用,同时要鼓励年轻干部到脱贫攻坚一线去历练。习近平还对黔东南州镇远县江古镇中心小学教师黄俊琼说,老少边穷地区的教育培训工作要加大力度，让更多乡村和基层教师受到专业培训。

在认真听取代表发言后，习近平表示，很高兴作为贵州省代表团的代表参加讨论。习近平向在座各位代表和贵州全省各族干部群众致以诚挚的问候。

习近平指出，5年来，贵州认真贯彻落实党中央决策部署，各方面工作不断有新进展。综合实力显著提升，脱贫攻坚成效显著，生态环境持续改善，改革开放取得重大进展，人民群众获得感不断增强，政治生态持续向好。贵州取得的成绩，是党的十八大以来党和国家事业大踏步前进的一个缩影。这从一个角度说明了党的十八大以来党中央确定的大政方针和工作部署是完全正确的。

习近平希望贵州的同志全面贯彻落实党的十九大精神，大力培育和弘扬团结奋进、拼搏创新、苦干实干、后发赶超的精神，守好发展和生态两条底线，创新发展思路，发挥后发优势，决战脱贫攻坚，决胜同步小康，续写新时代贵州发展新篇章，开创百姓富、生态美的多彩贵州新未来。

习近平指出，中国特色社会主义进入了新时代，这是我国发展新的历史方位。作出这个重大政治判断，是一项关系全局的战略考量，我们必须按照新时代的要求，完善发展战略和各项政策，推进和落实各项工作。我国社会主要矛盾的变化是关系全局的历史性变化，对党和国家工作提出了许多新要求，我们要深入贯彻新发展理念，着力解决好发展不平衡不充分问题，更好满足人民多方面日益增长的需要，更好推动人的全面发展、全体人民共同富裕。我们要紧密结合党的十九大对我国未来发展作出的战略安排，推进党和国家各项工作，特别是要保持各项战略、工作、政策、措施的连续性和前瞻性，一步接一步，连续不断朝着我们确定的目标前进。

习近平强调，办好中国的事情，关键在党。全面从严治党不仅是党长期执政的根本要求，也是实现中华民族伟大复兴的根本保证。我们党要团结带领人民进行伟大斗争、推进伟大事业、实现伟大梦想，必须毫不动摇把党建设得更加坚强有力。全面从严治党永远在路上。在全面从严治党这个问题上，我们不能有差不多了，该松口气、歇歇脚的想法，不能有打好一仗就一劳永逸的想法，不能有初见成效就见好就收的想法。必须持之以恒、善作善成，把管党治党的螺丝拧得更紧，把全面从严治党的思路举措搞得更加科学、更加严密、更加有效，推动全面从严治党向纵深发展。各级党组织和全体党员、各级领导干部必须坚决维护党中央权威，坚决服从党中央集中统一领导，把"四个意识"落实在岗位上、落实在行动上，不折不扣执行党中央决策部署，始终在思想上政治上行动上同党中央保持高度一致。

习近平指出，大会之后，要认真组织好党的十九大精神宣传教育工作和学习培训工作，注重宣传各地区各部门学习贯彻的具体举措和实际行动，注重反映基层干部群众学习贯彻的典型事迹和良好风貌。要充分利用各种宣传形式和手段,采取人民群众喜闻乐见的形式,推动党的十九大精神进企业、进农村、进机关、进校园、进社区、进军营,让干部鼓足干劲。要组织好集中宣讲活动,把党的十九大精神讲清楚、讲明白,让老百姓听得懂、能领会、可落实。

《人民日报》(2017年10月20日01版)

习近平在十九届中共中央政治局常委
同中外记者见面时强调

新时代要有新气象更要有新作为 中国人民生活一定会一年更比一年好

新华社北京10月25日电 世界的目光再次聚焦中国,刚刚在中国共产党第十九届中央委员会第一次全体会议上当选的中共中央总书记习近平和中共中央政治局常委李克强、栗战书、汪洋、王沪宁、赵乐际、韩正,25日中午在人民大会堂同采访中共十九大的中外记者亲切见面。

人民大会堂东大厅华灯璀璨、气氛热烈。500多名中外记者在这里架起摄像机、照相机,打开电脑、录音笔,准备第一时间向全球报道新一届中共中央政治局常委的首次集体亮相。

11时54分,习近平等在热烈的掌声中步入大厅,神采奕奕,面带微笑,向在场的中外记者致意。

在中共十九大新闻发言人庹震作简要介绍后,习近平发表了重要讲话。他首先表示,昨天,中国共产党第十九次全国代表大会已经闭幕。这次来了很多记者朋友,许多是远道而来。大家对会议作了大量、充分的报道,引起了全世界广泛关注。你们辛苦了,我向你们表示衷心的感谢。

习近平表示,大会开幕以来,有165个国家452个主要政党发来855份贺电贺信。其中,有814份是国家元首、政府首脑、政党和重要组织机构领导人发来的。在此,我谨代表中国共产党中央委员会,向他们表示诚挚的谢意。

习近平指出,在刚才召开的中共十九届一中全会上,选举产生了新一届中共中央领导机构,全会选举我继续担任中共中央委员会总书记。这是对我的肯定,更是鞭策和激励。

习近平向大家介绍了中共中央政治局常务委员会的其他成员后,代表新一届中共中央领导成员衷心感谢全党同志的信任,表示一定恪尽职守、勤勉工作、不辱使命、不负重托。

习近平指出,过去的5年,我们做了很多工作,有的已经完成了,有的还要接着做下去。中共十九大又提出了新目标新任务,我们要统筹抓好落实。经过长期努力,中国特色社会主义进入了新时代。新时代要有新气象,更要有新作为。中共十九大到二十大的5年,正处在实现"两个一百年"奋斗目标的历史交汇期,第一个百年目标要实现,第二个百年奋斗目标要开篇。这其中有一些重要的时间节点,是我们工作的坐标。

习近平强调，2018年，我们将迎来改革开放40周年。改革开放是决定当代中国命运的关键一招，40年的改革开放使中国人民生活实现了小康，逐步富裕起来了。我们将总结经验、乘势而上，继续推进国家治理体系和治理能力现代化，坚定不移深化各方面改革，坚定不移扩大开放，使改革和开放相互促进、相得益彰。我坚信，中华民族伟大复兴必将在改革开放的进程中得以实现。

习近平指出，2019年，我们将迎来中华人民共和国成立70周年。我们将贯彻新发展理念，推动中国经济持续健康发展，惠及中国人民和各国人民。我们将继续落实好"十三五"规划确定的各项任务，并对未来发展作出新的规划，推动各项事业全面发展，把我们的人民共和国建设得更加繁荣富强。

习近平强调，2020年，我们将全面建成小康社会。全面建成小康社会，一个不能少；共同富裕路上，一个不能掉队。我们将举全党全国之力，坚决完成脱贫攻坚任务，确保兑现我们的承诺。我们要牢记人民对美好生活的向往就是我们的奋斗目标，坚持以人民为中心的发展思想，努力抓好保障和改善民生各项工作，不断增强人民的获得感、幸福感、安全感，不断推进全体人民共同富裕。我坚信，中国人民生活一定会一年更比一年好。

习近平指出，2021年，我们将迎来中国共产党成立100周年。中国共产党立志于中华民族千秋伟业，百年恰是风华正茂！中国共产党是世界上最大的政党。大就要有大的样子。

实践充分证明，中国共产党能够带领人民进行伟大的社会革命，也能够进行伟大的自我革命。我们要永葆蓬勃朝气，永远做人民公仆、时代先锋、民族脊梁。全面从严治党永远在路上，不能有任何喘口气、歇歇脚的念头。我们将继续清除一切侵蚀党的健康肌体的病毒，大力营造风清气正的政治生态，以全党的强大正能量在全社会凝聚起推动中国发展进步的磅礴力量。

习近平强调，中国共产党和中国人民从苦难中走过来，深知和平的珍贵、发展的价值。中国人民自信自尊，将坚定维护国家主权、安全、发展利益，同时将同各国人民一道，积极推动构建人类命运共同体，不断为人类和平与发展的崇高事业作出新的更大的贡献。

习近平指出，历史是人民书写的，一切成就归功于人民。只要我们深深扎根人民、紧紧依靠人民，就可以获得无穷的力量，风雨无阻，奋勇向前。

习近平最后说，百闻不如一见。我们欢迎各位记者朋友在中国多走走、多看看，继续关注中共十九大之后中国的发展变化，更加全面地了解和报道中国。我们不需要更多的溢美之词，我们一贯欢迎客观的介绍和有益的建议，正所谓"不要人夸颜色好，只留清气满乾坤"。

12时17分，见面活动结束。习近平等向中外记者们挥手道别。全场再次响起热烈的掌声。

中央人民广播电台、中央电视台、中国国际电视台、中国国际广播电台对见面实况进行了现场直播,人民网、新华网、中国网络电视台、中国网,人民日报客户端、新华社客户端、央视新闻客户端也进行了直播。

《人民日报》(2017年10月26日02版)

中共中央政治局召开会议

研究部署学习宣传贯彻党的十九大精神

审议《中共中央政治局关于加强和维护党中央集中统一领导的若干规定》和《中共中央政治局贯彻落实中央八项规定的实施细则》

中共中央总书记习近平主持会议

新华社北京10月27日电 十九届中共中央政治局27日召开会议，研究部署学习宣传贯彻党的十九大精神，审议《中共中央政治局关于加强和维护党中央集中统一领导的若干规定》和《中共中央政治局贯彻落实中央八项规定的实施细则》。中共中央总书记习近平主持会议。

会议强调，党中央集中统一领导是党的领导的最高原则，从根本上关乎党和国家前途命运、关乎人民根本利益。加强和维护党中央集中统一领导是全党共同的政治责任，首先是中央领导层的政治责任。中央政治局要带头树立政治意识、大局意识、核心意识、看齐意识，严格遵守党章和党内政治生活准则，全面落实党的十九大关于加强和维护党中央集中统一领导的各项要求，自觉在以习近平同志为核心的党中央集中统一领导下履行职责、开展工作，坚决维护习近平总书记作为党中央的核心、全党的核心的地位，凝聚全党意志，激发全国各族人民充满信心朝着实现"两个一百年"奋斗目标、建设社会主义现代化强国、实现中华民族伟大复兴中国梦的宏伟目标奋勇前进。

会议一致同意中央政治局关于加强和维护党中央集中统一领导的若干规定。中央政治局全体同志要牢固树立"四个意识"，坚定"四个自信"，主动将重大问题报请党中央研究，认真落实党中央决策部署并及时报告落实的重要进展；要带头执行党的干部政策，结合分管工作负责任地向党中央推荐干部；要对党忠诚老实，自觉同违反党章、破坏党的纪律、危害党中央集中领导和团结统一的言行作斗争，认真履行所分管部门、领域或所在地区的全面从严治党责任；要坚持每年向党中央和总书记书面述职；要严格遵守有关宣传报道的规定。中央书记处和中央纪律检查委员会、全国人大常委会党组、国务院党组、全国政协党组、最高人民法院党组、最高人民检察院党组每年向中央政治局常委会、中央政治局报告工作。

会议认为，作风建设永远在路上。贯彻执行中央八项规定是关系我们党会不会脱离群众，能不能长期执政、能不能很好履行执政使命的大问题。党的十九大对持之以恒正风肃纪作出新部署，我们必须坚持以上率下，巩固和拓展落实中央八项规定精神成果,坚持不懈改作风转作风,让党的作风全面好起来,确保党同人民想在一起、干在一起,始终保持党同人民群众的血肉联系。

会议指出,修订后的实施细则,坚持以习近平新时代中国特色社会主义思想为指导,贯彻落实党的十九大对党的作风建设的新部署新要求,坚持问题导向,根据这几年中央八项规定实施过程中遇到的新情况新问题,着重对改进调查研究、精简会议活动、精简文件简报、规范出访活动、改进新闻报道、厉行勤俭节约等方面内容作了进一步规范、细化和完善,更加切合工作实际,增强了指导性和操作性。中央政治局的同志要带头弘扬党的优良作风,严格执行中央八项规定,为全党作出表率。

会议强调,学习宣传贯彻党的十九大精神是当前和今后一段时期全党全国的首要政治任务。要把全党全国各族人民思想统一到党的十九大精神上来,把力量凝聚到实现党的十九大确定的各项任务上来。要引导广大干部群众认真研读党的十九大报告和党章,准确领会把握党的十九大精神的思想精髓、核心要义,原原本本、原汁原味学习好党的十九大精神。要在全面系统的基础上突出重点、抓住关键,把着力点聚焦到习近平新时代中国特色社会主义思想是党必须长期坚持的指导思想上,聚焦到5年来党和国家事业取得历史性成就和发生历史性变革上,聚焦到作出中国特色社会主义进入了新时代、我国社会主要矛盾已经转化为人民日益增长的美好生活需要和不平衡不充分的发展之间的矛盾等重大论断的深远影响上,聚焦到贯彻落实党的十九大的重大决策部署上,聚焦到习近平总书记是全党拥护、人民爱戴、当之无愧的党的领袖上。

会议强调,要把学习党的十九大精神作为党的理论武装工作的重点任务,面向全体党员开展多形式、分层次、全覆盖的学习培训。要把学习党的十九大精神作为党校、干部学院、行政学院教育培训的必修课,作为学校思想政治教育和课堂教学的重要内容。要组织开展内容丰富、形式多样的宣传教育活动,注重宣传各地区各部门学习贯彻的具体举措和实际行动,注重反映基层干部群众学习贯彻的典型事迹和良好风貌,广泛吸引干部群众积极参与,在全社会形成学习贯彻党的十九大精神的浓厚氛围,要加强对外宣传,针对国际社会关切,积极宣介党的十九大精神。

会议指出,要组织开展集中宣讲活动,推动党的十九大精神进企业、进农村、进机关、进校园、进社区、进军营、进网站。领导干部要带头学、带头讲、带头干,把党的十九大精神讲清楚、讲明白,让老百姓听得懂、能领会、可落实,推动党的理论创新成果走近群众,凝聚党心民心、扩大社会共识。

会议强调,学习宣传贯彻党的十九大精神,要推动全党牢固树立政治意识、大局意识、核心意识、看齐意识,在政治立场、政治方向、政治原则、政治道路上同以习近平同志为核心的党中央保持高度一致,自觉维护以习近平同志为核心的党中央权威和集中统一领导。要大力弘扬马克思主义学风,切实提高推动发展、解决问题的能力,坚定自觉地把党中央各项决策部署落到实处。

会议还研究了其他事项。

《人民日报》(2017年10月28日01版)

习近平在中共中央政治局第一次集体学习时强调

切实学懂弄通做实党的十九大精神 努力在新时代开启新征程续写新篇章

新华社北京 10 月 28 日电 十九届中共中央政治局 10 月 27 日上午就深入学习贯彻党的十九大精神进行第一次集体学习。中共中央总书记习近平在主持学习时强调,党的十九大在政治上、理论上、实践上取得了一系列重大成果,就新时代坚持和发展中国特色社会主义的一系列重大理论和实践问题阐明了大政方针,就推进党和国家各方面工作制定了战略部署,是我们党在新时代开启新征程、续写新篇章的政治宣言和行动纲领。贯彻落实党的十九大精神,在新时代坚持和发展中国特色社会主义,要求全党来一个大学习。

李克强、栗战书、汪洋、王沪宁、赵乐际、韩正就深刻领会和贯彻落实党的十九大精神谈了体会。他们表示,党的十九大高举中国特色社会主义伟大旗帜,以马克思列宁主义、毛泽东思想、邓小平理论、"三个代表"重要思想、科学发展观、习近平新时代中国特色社会主义思想为指导,作出了中国特色社会主义进入了新时代等重大政治论断，深刻阐述了新时代中国共产党的历史使命，确定了决胜全面建成小康社会、开启全面建设社会主义现代化国家新征程的目标，对新时代推进中国特色社会主义伟大事业和党的建设新的伟大工程作出了全面部署。党的十九大报告进一步指明了党和国家事业前进方向，是我们党团结带领全国各族人民在新时代坚持和发展中国特色社会主义的政治宣言和行动纲领，是马克思主义的纲领性文献。全党全国要紧密团结在以习近平同志为核心的党中央周围，增强"四个意识"，坚定"四个自信"，统筹推进"五位一体"总体布局，协调推进"四个全面"战略布局，坚持党要管党、全面从严治党，使党的十九大精神成为推动党和国家事业发展的强大思想武器，把党的十九大提出的各项目标任务落到实处。

中共中央政治局各位同志认真听取了他们的意见。

习近平在主持学习时发表了讲话。他指出，学习宣传贯彻党的十九大精神是全党全国当前和今后一个时期的首要政治任务。中央政治局要先学一步，为全党作出示范。在座不少同志是新进中央政治局的同志，位子更高了，担子更重了，站位就要更高，眼界就要更宽。大家要把学习贯彻党的十九大精神作为第一堂党课、第一堂政治必修课，努力提高自己的政治素养和思想理论水平，以更好担负起党和人民赋予的重要职责。

习近平强调，学习贯彻党的十九大精神，要在学懂上下功夫。学懂是前提。党的十九大提出了许多新理念、新论断，确定了许多新任务、新举措，需要通过学习来准确领会。关键是要多思多想，努力掌握党的十九大精神的政治意义、历史意义、理论意义、实践意义。要注重采取理论和实践、历史和现实、当前和未来相结合的方法，把每一点都领会深、领会透。要坚持马克思主义立场观点方法，从我国实际出发，遵循我国发展的逻辑，增强中国特色社会主义道路自信、理论自信、制度自信、文化自信。

习近平指出，学习贯彻党的十九大精神，要在弄通上下功夫。要联系地而不是孤立地、系统地而不是零散地、全部地而不是局部地理解党的十九大精神，不能就事论事，不能搞形式主义、实用主义。要把学习贯彻党的十九大精神同学习马克思主义基本原理贯通起来，把学习贯彻党的十九大精神同把握党的十八大以来我们进行伟大斗争、建设伟大工程、推进伟大事业、实现伟大梦想的实践贯通起来，把学习贯彻党的十九大精神同把握党的十九大作出的各项战略部署贯通起来，深化认识党的十九大关于党和国家事业各项战略部署的整体性、关联性、协同性，全面做好党和国家各项工作。

习近平强调，学习贯彻党的十九大精神，要在做实上下功夫。清谈误国、实干兴邦，一分部署、九分落实。要拿出实实在在的举措，一个时间节点一个时间节点往前推进，以钉钉子精神全面抓好落实。中央政治局的同志要带好头，真抓实干，埋头苦干，把分管的工作抓紧抓实、抓出成效。党中央要统筹党的十九大提出的各项目标任务,就重大目标任务作出顶层设计和全面部署。全国人大、国务院、全国政协、中央军委等各有关部门和有关方面要自觉行动起来,明确属于自己职责范围内的任务,找准工作方案,排出任务表、时间表、路线图,对做好工作提出明确要求,重点是质量要求。党的十九大确定的目标任务有近期的,有中期的,也有长期的,要分清轻重缓急,有计划有秩序加以推进。各地区各部门要结合自身实际,把党中央提出的战略部署转化为本地区本部门的工作任务。要牢固树立全国一盘棋思想,以贯彻党中央决策部署为前提,确保党中央确定的目标任务和战略部署顺利实现。

习近平指出,新征程上,不可能都是平坦的大道,我们将会面对许多重大挑战、重大风险、重大阻力、重大矛盾,领导干部必须有强烈的担当精神。领导干部不仅要有担当的宽肩膀,还得有成事的真本领。既要大胆讲政治,又要善于讲政治;既要矢志抓发展,又要善于抓发展;既要勇于抓改革,又要善于抓改革;既要敢于直面矛盾和问题,又要善于化解矛盾和问题;既要有想干事、真干事的自觉,又要有会干事、干成事的本领。

习近平强调,当前,全党全国上下正在深入学习宣传贯彻党的十九大精神,开会发文是传达精神的必要方式,营造浓厚氛围也是必要的,但要防止出现以会议落实会议、以文件落实文件的现象,不能空喊口号、流于形式。各地区各部门要按照党中央统一部署,采取多种方式,运用多种载体,加大宣传力度,迅速兴起学习宣传贯彻热潮。各级党委要突出抓好县处级以上领导干部的学习,党委(党组)中心组要把学习党的十九大精神作为重中之重。各级党校、行政学院要把学习贯彻党的十九大精神作为干部培训的主要内容。各地区各部门要抓紧组织对干部进行集中轮训。要抓好面向广大群众的宣传教育,深入浅出向广大群众宣传解读好党的十九大精神。领导干部要做实干家,也要做宣传家。各级领导干部要带头宣讲,面向群众宣传党的十九大精神。还要组织党的十九大代表到基层宣讲,以自己的亲身经历、切身感受宣传党的十九大精神。

《人民日报》(2017年10月29日01版)

决胜全面建成小康社会 夺取新时代中国特色社会主义伟大胜利

中国共产党第十九次全国代表大会在京开幕

习近平代表第十八届中央委员会向大会作报告

李克强主持大会　2338名代表和特邀代表出席大会

新华社北京10月18日电　绘就伟大梦想新蓝图，开启伟大事业新时代。举世瞩目的中国共产党第十九次全国代表大会18日上午在人民大会堂开幕。

习近平代表第十八届中央委员会向大会作了题为《决胜全面建成小康社会　夺取新时代中国特色社会主义伟大胜利》的报告。习近平指出，中国共产党第十九次全国代表大会，是在全面建成小康社会决胜阶段、中国特色社会主义进入新时代的关键时期召开的一次十分重要的大会。大会的主题是：不忘初心，牢记使命，高举中国特色社会主义伟大旗帜，决胜全面建成小康社会，夺取新时代中国特色社会主义伟大胜利，为实现中华民族伟大复兴的中国梦不懈奋斗。

人民大会堂雄伟庄严，万人大礼堂气氛热烈。主席台上方悬挂着"中国共产党第十九次全国代表大会"的会标，后幕正中是镰刀和锤头组成的党徽，10面鲜艳的红旗分列两侧。二楼和三楼眺台上分别悬挂着"不忘初心，牢记使命，高举中国特色社会主义伟大旗帜，决胜全面建成小康社会，夺取新时代中国特色社会主义伟大胜利，为实现中华民族伟大复兴的中国梦不懈奋斗！""伟大、光荣、正确的中国共产党万岁！"的横幅。

在主席台前排就座的大会主席团常务委员会成员有习近平、李克强、张德江、俞正声、刘云山、王岐山、张高丽、马凯、王沪宁、刘延东、刘奇葆、许其亮、孙春兰、李建国、李源潮、汪洋、张春贤、范长龙、孟建柱、赵乐际、胡春华、栗战书、郭金龙、韩正、江泽民、胡锦涛、李鹏、朱镕基、李瑞环、吴邦国、温家宝、贾庆林、宋平、李岚清、曾庆红、吴官正、李长春、贺国强、杜青林、赵洪祝、杨晶。

大会由李克强主持。上午9时，会议开始。全场起立，高唱《中华人民共和国国歌》。随后，全体同志为毛泽东、周恩来、刘少奇、朱德、邓小平、陈云等已故老一辈无产阶级革命家和革命先烈默哀。

李克强宣布，党的十九大应出席代表2280人，特邀代表74人，共2354人，今天实到2338人。他对列席大会的党外朋友和有关方面负责同志表示热烈的欢迎。

习近平代表第十八届中央委员会向大会作的报告共分13

个部分：一、过去五年的工作和历史性变革；二、新时代中国共产党的历史使命；三、新时代中国特色社会主义思想和基本方略；四、决胜全面建成小康社会，开启全面建设社会主义现代化国家新征程；五、贯彻新发展理念，建设现代化经济体系；六、健全人民当家作主制度体系，发展社会主义民主政治；七、坚定文化自信，推动社会主义文化繁荣兴盛；八、提高保障和改善民生水平，加强和创新社会治理；九、加快生态文明体制改革，建设美丽中国；十、坚持走中国特色强军之路，全面推进国防和军队现代化；十一、坚持"一国两制"，推进祖国统一；十二、坚持和平发展道路，推动构建人类命运共同体；十三、坚定不移全面从严治党，不断提高党的执政能力和领导水平。

习近平在报告中指出，十八大以来的五年，我们坚持稳中求进工作总基调，迎难而上，开拓进取，取得了改革开放和社会主义现代化建设的历史性成就，党和国家事业全面开创新局面：经济建设取得重大成就；全面深化改革取得重大突破；民主法治建设迈出重大步伐；思想文化建设取得重大进展；人民生活不断改善；生态文明建设成效显著；强军兴军开创新局面；港澳台工作取得新进展；全方位外交布局深入展开；全面从严治党成效卓著。同时，必须清醒看到，我们的工作还存在许多不足，也面临不少困难和挑战。

习近平说，五年来的成就是全方位的、开创性的，五年来的变革是深层次的、根本性的。五年来，我们党以巨大的政治勇气和强烈的责任担当，提出一系列新理念新思想新战略，出台一系列重大方针政策，推出一系列重大举措，推进一系列重大工作，解决了许多长期想解决而没有解决的难题，办成了许多过去想办而没有办成的大事，推动党和国家事业发生历史性变革。这些历史性变革，对党和国家事业发展具有重大而深远的影响。

习近平指出，经过长期努力，中国特色社会主义进入了新时代，这是我国发展新的历史方位。这标志着我国社会主要矛盾已经转化为人民日益增长的美好生活需要和不平衡不充分的发展之间的矛盾。我国社会主要矛盾的变化，没有改变我们对我国社会主义所处历史阶段的判断，我国仍处于并将长期处于社会主义初级阶段的基本国情没有变，我国是世界最大发展中国家的国际地位没有变。

习近平强调，全党要牢牢把握社会主义初级阶段这个基本国情，牢牢立足社会主义初级阶段这个最大实际，牢牢坚持党的基本路线这个党和国家的生命线、人民的幸福线，领导和团结全国各族人民，以经济建设为中心，坚持四项基本原则，坚持改革开放，自力更生，艰苦创业，为把我国建设成为富强民主文明和谐美丽的社会主义现代化强国而奋斗。

关于新时代中国共产党的历史使命，习近平指出，实现中华民族伟大复兴是近代以来中华民族最伟大的梦想。中国共产党一经成立，就把实现共产主义作为党的最高理想和最终目标，义无反顾肩负起实现中华民族伟大复兴的历史使命。

今天，我们比历史上任何时期都更接近、更有信心和能力实现中华民族伟大复兴的目标。

习近平强调，实现伟大梦想，必须进行伟大斗争；实现伟大梦想，必须建设伟大工程；实现伟大梦想，必须推进伟大事业。伟大斗争，伟大工程，伟大事业，伟大梦想，紧密联系、相互贯通、相互作用，其中起决定性作用的是党的建设新的伟大工程。

习近平用"八个明确"对新时代中国特色社会主义思想进行了阐述。他说，新时代中国特色社会主义思想明确坚持和发展中国特色社会主义，总任务是实现社会主义现代化和中华民族伟大复兴，在全面建成小康社会的基础上，分两步走在本世纪中叶建成富强民主文明和谐美丽的社会主义现代化强国。

习近平指出，新时代中国特色社会主义思想，是对马克思列宁主义、毛泽东思想、邓小平理论、"三个代表"重要思想、科学发展观的继承和发展，是马克思主义中国化最新成果，是党和人民实践经验和集体智慧的结晶，是中国特色社会主义理论体系的重要组成部分，是全党全国人民为实现中华民族伟大复兴而奋斗的行动指南，必须长期坚持并不断发展。

习近平阐述了构成新时代坚持和发展中国特色社会主义基本方略的"十四条坚持"：坚持党对一切工作的领导；坚持以人民为中心；坚持全面深化改革；坚持新发展理念；坚持人

民当家作主;坚持全面依法治国;坚持社会主义核心价值体系;坚持在发展中保障和改善民生;坚持人与自然和谐共生;坚持总体国家安全观;坚持党对人民军队的绝对领导;坚持"一国两制"和推进祖国统一;坚持推动构建人类命运共同体;坚持全面从严治党。

习近平在谈到"两个一百年"奋斗目标时说,改革开放之后,我们党对我国社会主义现代化建设作出战略安排,提出"三步走"战略目标。解决人民温饱问题、人民生活总体上达到小康水平这两个目标已提前实现。从现在到二〇二〇年,是全面建成小康社会决胜期。从十九大到二十大,是"两个一百年"奋斗目标的历史交汇期。我们既要全面建成小康社会、实现第一个百年奋斗目标,又要乘势而上开启全面建设社会主义现代化国家新征程,向第二个百年奋斗目标进军。

习近平提出,从二〇二〇年到本世纪中叶可以分两个阶段来安排。第一个阶段,从二〇二〇年到二〇三五年,在全面建成小康社会的基础上,再奋斗十五年,基本实现社会主义现代化。第二个阶段,从二〇三五年到本世纪中叶,在基本实现现代化的基础上,再奋斗十五年,把我国建成富强民主文明和谐美丽的社会主义现代化强国。

习近平指出,要贯彻新发展理念,建设现代化经济体系。深化供给侧结构性改革;加快建设创新型国家;实施乡村振兴战略;实施区域协调发展战略;加快完善社会主义市场经济体制;推动形成全面开放新格局。

习近平阐述了健全人民当家作主制度体系，发展社会主义民主政治的内容：一是坚持党的领导、人民当家作主、依法治国有机统一；二是加强人民当家作主制度保障；三是发挥社会主义协商民主重要作用；四是深化依法治国实践；五是深化机构和行政体制改革；六是巩固和发展爱国统一战线。

习近平指出，要坚定文化自信，推动社会主义文化繁荣兴盛。牢牢掌握意识形态工作领导权；培育和践行社会主义核心价值观；加强思想道德建设；繁荣发展社会主义文艺；推动文化事业和文化产业发展。

习近平强调，要提高保障和改善民生水平，加强和创新社会治理。优先发展教育事业；提高就业质量和人民收入水平；加强社会保障体系建设；坚决打赢脱贫攻坚战；实施健康中国战略；打造共建共治共享的社会治理格局；有效维护国家安全。

习近平提出，要加快生态文明体制改革，建设美丽中国。推进绿色发展；着力解决突出环境问题；加大生态系统保护力度；改革生态环境监管体制。

习近平指出，坚持走中国特色强军之路，全面推进国防和军队现代化。必须全面贯彻新时代党的强军思想，贯彻新形势下军事战略方针，建设强大的现代化陆军、海军、空军、火箭军和战略支援部队，打造坚强高效的战区联合作战指挥机构，构建中国特色现代作战体系，担当起党和人民赋予的新时代使命任务。

习近平指出，要坚持"一国两制"，推进祖国统一。保持香港、澳门长期繁荣稳定，支持香港、澳门融入国家发展大局，发展壮大爱国爱港爱澳力量，让香港、澳门同胞同祖国人民共担民族复兴的历史责任、共享祖国繁荣富强的伟大荣光。继续坚持"和平统一、一国两制"方针，推动两岸关系和平发展，推进祖国和平统一进程。坚决维护国家主权和领土完整，绝不容忍国家分裂的历史悲剧重演。

习近平指出，坚持和平发展道路，推动构建人类命运共同体。中国将高举和平、发展、合作、共赢的旗帜，恪守维护世界和平、促进共同发展的外交政策宗旨，坚定不移在和平共处五项原则基础上发展同各国的友好合作，推动建设相互尊重、公平正义、合作共赢的新型国际关系。

习近平强调，坚定不移全面从严治党，不断提高党的执政能力和领导水平。

习近平提出了新时代党的建设总要求以及必须抓好的八个方面重要任务：把党的政治建设摆在首位；用新时代中国特色社会主义思想武装全党；建设高素质专业化干部队伍；加强基层组织建设；持之以恒正风肃纪；夺取反腐败斗争压倒性胜利；健全党和国家监督体系；全面增强执政本领。

习近平报告过程中，全场一次次响起热烈的掌声。

现任和曾任全国人大常委会副委员长、全国政协副主席的党外人士，在京各民主党派中央、全国工商联副主席，无党派代表人士，宗教界代表人士，在京全国人大、全国政协常委中的民主党派、无党派和民族宗教界人士作为来宾列席大会。党内有关负责同志也列席了大会。

3000多名中外记者采访报道了开幕会盛况。

《人民日报》（2017年10月19日01版）

人民日报社论

开辟中国特色社会主义新境界

——热烈祝贺中国共产党第十九次全国代表大会开幕

历史的画卷，总是在砥砺前行中铺展；时代的华章，总是在新的奋斗里书写。

今天，中国共产党第十九次全国代表大会在北京隆重开幕。这次大会，是在全面建成小康社会决胜阶段、中国特色社会主义发展关键时期召开的一次十分重要的大会，我们党将明确宣示举什么旗、走什么路、以什么样的精神状态、担负什么样的历史使命、实现什么样的奋斗目标，将提出具有全局性、战略性、前瞻性的行动纲领。开好这次大会，事关党和国家事业继往开来，事关中国特色社会主义前途命运，事关最广大人民根本利益，对决胜全面建成小康社会、夺取中国特色社会主义伟大胜利、实现中华民族伟大复兴的中国梦，具有重大的政治意义、理论意义、实践意义。

"人民对美好生活的向往，就是我们的奋斗目标。"回望过去极不平凡的5年，以习近平同志为核心的党中央迎难而上、开拓进取，革故鼎新、励精图治，以巨大的政治勇气和强烈的责任担当，进行具有许多新的历史特点的伟大斗争，统筹推进"五位一体"总体布局、协调推进"四个全面"战略布局，国家经济实力、科技实力、国防实力、综合国力、国际影响力和人民获得感显著提升，在新中国成立特别是改革开放以来我国发展取得的重大成就基础上，把中国特色社会主义推进到新的发展阶段。5年来的成就是全方位的、开创性的，5年来的变革是深层次的、根本性的。这些历史性成就和历史性变革，标志着我国发展站到了新的历史起点上，对党和国家事业发展具有重大而深远的意义。

党的领导是中国特色社会主义最本质的特征，是中国特色社会主义制度的最大优势。5年来，改革开放和社会主义现代化建设之所以取得了历史性成就，中国特色社会主义之所以焕发出勃勃生机，最根本的是有以习近平同志为核心的党中央的坚强领导。砥砺奋进的5年，党的创造力、凝聚力、战斗力和领导力、号召力不断增强，党总揽全局、协调各方的领导核心作用充分发挥，这是5年来最具深远意义的成就，也是我们取得一切发展进步的根本原因。尤为重要的是，习近平总书记系列重要讲话精神和治国理政新理念新思想新战略，把我们党对共产党执政规律、社会主义建设规律、人类社会发展规律的认识提高到新水平，构成了一个科学完整的思想理论体系，是马克思主义中国化最新成果，开辟了当代中国马克思主义发展新境界。

道路问题是关系党的事业兴衰成败的首要问题，道路决定命运，道路就是党的生命。正是沿着中国特色社会主义道路，近代以来久经磨难的中华民族实现了从站起来、富起来到强起来的历史性飞跃。5年砥砺奋进，社会主义在中国焕发出强大生机活力并不断开辟发展新境界，中国特色社会主义拓展了发展中国家走向现代化的途径，为解决人类问题贡献了中国智慧、提供了中国方案。在新的历史起点，我们党要在迅速变化的时代中赢得主动，要在新的伟大斗争中赢得胜利，就必须更加坚定"四个自信"，牢牢把握我国发展的阶段性特征，牢牢把握人民对美好生活的向往。我们期待，这次大会以更宽广的视野、更长远的眼光，思考和把握国家未来发展面临的一系列重大战略问题，在理论上拓展新境界、在实践上作出新部署，指引全党全国各族人民以新的精神状态和奋斗姿态，进行伟大斗争、建设伟大工程、推进伟大事业、实现伟大梦想，把中国特色社会主义不断推向前进。

一切伟大的成就都是接续奋斗的结果，一切伟大的事业都需要在继往开来中推进。今天，我们比历史上任何时期都更接近中华民族伟大复兴的目标，比历史上任何时期都更有信心、有能力实现这个目标。实现第一个百年奋斗目标、决胜全面建成小康社会，为实现第二个百年奋斗目标而努力、踏上建设社会主义现代化国家新征程，我们伟大的党，不忘初心再出发,勇担重任立潮头,引领承载中国人民伟大梦想的航船破浪前进,驶向更加光辉的彼岸。

预祝大会圆满成功!

《人民日报》(2017年10月18日02版)

中国共产党第十九次全国代表大会在京闭幕

选举产生新一届中央委员会和中央纪律检查委员会

通过关于十八届中央委员会报告的决议、关于中央纪律检查委员会工作报告的决议、关于《中国共产党章程（修正案）》的决议

习近平主持大会并发表重要讲话

新华社北京10月24日电 中国共产党第十九次全国代表大会在选举产生新一届中央委员会和中央纪律检查委员会，通过关于十八届中央委员会报告的决议、关于十八届中央纪律检查委员会工作报告的决议、关于《中国共产党章程（修正案）》的决议后，24日上午在人民大会堂胜利闭幕。

大会号召，全党全国各族人民要紧密团结在以习近平同志为核心的党中央周围，高举中国特色社会主义伟大旗帜，认真学习贯彻习近平新时代中国特色社会主义思想，锐意进取，埋头苦干，为实现推进现代化建设、完成祖国统一、维护世界和平与促进共同发展三大历史任务，为决胜全面建成小康社会、

夺取新时代中国特色社会主义伟大胜利、实现中华民族伟大复兴的中国梦、实现人民对美好生活的向往继续奋斗。

习近平同志主持大会。

习近平、李克强、张德江、俞正声、刘云山、王岐山、张高丽、马凯、王沪宁、刘延东、刘奇葆、许其亮、孙春兰、李建国、李源潮、汪洋、张春贤、范长龙、孟建柱、赵乐际、胡春华、栗战书、郭金龙、韩正、江泽民、胡锦涛、李鹏、朱镕基、李瑞环、吴邦国、温家宝、贾庆林、宋平、李岚清、曾庆红、吴官正、李长春、贺国强、杜青林、赵洪祝、杨晶等大会主席团常务委员会成员在主席台前排就座。

上午9时，闭幕会开始。

大会应到代表和特邀代表2354人，实到2336人。实到代表超过应到代表的半数，符合大会选举办法的规定。

会议首先通过了2名总监票人和36名监票人名单。

在总监票人和监票人监督下，到会的代表和特邀代表以无记名投票方式，选举出由204名委员、172名候补委员组成的十九届中央委员会，选举出十九届中央纪律检查委员会委员133名。

11时12分，习近平宣布，第十九届中央委员会和中央纪律检查委员会，已经党的第十九次全国代表大会选举产生。全场响起长时间的热烈掌声。

随后，大会通过了关于十八届中央委员会报告的决议。大会批准习近平同志代表十八届中央委员会所作的报告。决议指出，报告描绘了决胜全面建成小康社会、夺取新时代中国特色社会主义伟大胜利的宏伟蓝图，进一步指明了党和国家事业的前进方向，是全党全国各族人民智慧的结晶，是我们党团结带领全国各族人民在新时代坚持和发展中国特色社会主义的政治宣言和行动纲领，是马克思主义的纲领性文献。

大会认为，报告阐明的大会主题对我们党带领人民奋发图强、开拓前进具有十分重大的意义。全党要不忘初心，牢记使命，高举中国特色社会主义伟大旗帜，决胜全面建成小康社会，夺取新时代中国特色社会主义伟大胜利，为实现中华民族伟大复兴的中国梦不懈奋斗。

大会高度评价十八届中央委员会的工作，指出党的十八大以来的五年，是党和国家发展进程中极不平凡的五年，改革开放和社会主义现代化建设取得了历史性成就。五年来的成就是全方位的、开创性的，五年来的变革是深层次的、根本性的。

大会强调，经过长期努力，中国特色社会主义进入了新时代，这是我国发展新的历史方位。中国特色社会主义进入新时代，我国社会主要矛盾已经转化为人民日益增长的美好生活需要和不平衡不充分的发展之间的矛盾。我国社会主要矛盾的变化是关系全局的历史性变化，对党和国家工作提出了许多新要求。

大会强调，围绕回答新时代坚持和发展什么样的中国特色社会主义、怎样坚持和发展中国特色社会主义这个重大时代课题，我们党以全新的视野深化对共产党执政规律、社会主义建设规律、人类社会发展规律的认识，进行艰辛理论探索，取得重大理论创新成果，创立了习近平新时代中国特色社会主义思想。习近平新时代中国特色社会主义思想，是对马克思列宁主义、毛泽东思想、邓小平理论、"三个代表"重要思想、科学发展观的继承和发展，是马克思主义中国化最新成果，是党和人民实践经验和集体智慧的结晶，是中国特色社会主义理论体系的重要组成部分，是全党全国人民为实现中华民族伟大复兴而奋斗的行动指南，必须长期坚持并不断发展。

大会强调，坚持党对一切工作的领导，坚持以人民为中心，坚持全面深化改革，坚持新发展理念，坚持人民当家作主，坚持全面依法治国，坚持社会主义核心价值体系，坚持在发展中保障和改善民生，坚持人与自然和谐共生，坚持总体国家安全观，坚持党对人民军队的绝对领导，坚持"一国两制"和推进祖国统一，坚持推动构建人类命运共同体，坚持全面从严治党，这十四条构成新时代坚持和发展中国特色社会主义的基本方略。全党同志必须全面贯彻党的基本理论、基本路线、基本方略，更好引领党和人民事业发展。

大会提出，从现在到二〇二〇年，是全面建成小康社会决胜期。大会认为，从十九大到二十大，是"两个一百年"奋斗目标的历史交汇期。我们既要全面建成小康社会、实现第一个百年奋斗目标，又要乘势而上开启全面建设社会主义现代化国家新征程，向第二个百年奋斗目标进军。综合分析国际国内形势和我国发展条件，从二〇二〇年到本世纪中叶可以分两个阶段来安排。第一个阶段，从二〇二〇年到二〇三五年，在全面建成小康社会的基础上，再奋斗十五年，基本实现社会主义现代化。第二个阶段，从二〇三五年到本世纪中叶，在基本实现现代化的基础上，再奋斗十五年，把我国建成富强民主文明和谐美丽的社会主义现代化强国。

大会同意报告关于我国社会主义经济建设、政治建设、文化建设、社会建设、生态文明建设的部署。

大会强调，必须坚持走中国特色强军之路，全面贯彻习近平强军思想，贯彻新形势下军事战略方针，全面推进国防和军队现代化，把人民军队建设成为世界一流军队。

大会强调，保持香港、澳门长期繁荣稳定，必须全面准确贯彻"一国两制"、"港人治港"、"澳人治澳"、高度自治的方针，严格依照宪法和基本法办事，让香港、澳门同胞同祖国人民共担民族复兴的历史责任、共享祖国繁荣富强的伟大荣光。必须继续坚持"和平统一、一国两制"方针，扩大两岸经济文化交流合作，推动两岸同胞共同弘扬中华文化，推动两岸关系和平发展，推进祖国和平统一进程，绝不允许任何人、任何组织、任何政党、在任何时候、以任何形式、把任何一块中国领土从中国分裂出去。

大会同意报告对国际形势的分析和提出的对外工作方针，强调中国将积极促进"一带一路"国际合作，继续积极参与全球治理体系改革和建设，推动建设相互尊重、公平正义、合作共赢的新型国际关系，推动构建人类命运共同体，同世界各国人民一道建设持久和平、普遍安全、共同繁荣、开放包容、清洁美丽的世界。

大会强调，打铁必须自身硬。新时代党的建设总要求是：坚持和加强党的全面领导，坚持党要管党、全面从严治党，以加强党的长期执政能力建设、先进性和纯洁性建设为主线，以党的政治建设为统领，以坚定理想信念宗旨为根基，以调动全党积极性、主动性、创造性为着力点，全面推进党的政治建设、思想建设、组织建设、作风建设、纪律建设，把制度建设贯穿其中，深入推进反腐败斗争，不断提高党的建设质量，把党建设成为始终走在时代前列、人民衷心拥护、勇于自我革命、经得起各种风浪考验、朝气蓬勃的马克思主义执政党。

大会强调，全党必须增强政治意识、大局意识、核心意识、看齐意识，坚持党中央权威和集中统一领导，坚定执行党的政治路线，严格遵守政治纪律和政治规矩，在政治立场、政治方向、政治原则、政治道路上同党中央保持高度一致。

大会通过了关于十八届中央纪律检查委员会工作报告的决议。大会充分肯定了十八届中央纪律检查委员会的工作。

大会通过了关于《中国共产党章程（修正案）》的决议，决定这一修正案自通过之日起生效。

大会认为，习近平新时代中国特色社会主义思想是对马克思列宁主义、毛泽东思想、邓小平理论、"三个代表"重要思想、科学发展观的继承和发展，是马克思主义中国化最新成果，是党和人民实践经验和集体智慧的结晶，是中国特色社会主义理论体系的重要组成部分，是全党全国人民为实现中华民族伟大复兴而奋斗的行动指南，必须长期坚持并不断发展。大会一致同意，在党章中把习近平新时代中国特色社会主义思想同马克思列宁主义、毛泽东思想、邓小平理论、"三个代表"重要思想、科学发展观一道确立为党的行动指南。大会要求全党以习近平新时代中国特色社会主义思想统一思想和行动，增强学习贯彻的自觉性和坚定性，把习近平新时代中国特色社会主义思想贯彻到社会主义现代化建设全过程、体现到党的建设各方面。

大会同意把中国特色社会主义文化同中国特色社会主义道路、中国特色社会主义理论体系、中国特色社会主义制度一道写入党章，这有利于全党深化对中国特色社会主义的认识、全面把握中国特色社会主义内涵。大会强调，全党同志要倍加珍惜、长期坚持和不断发展党历经艰辛开创的这条道路、这个理论体系、这个制度、这个文化，高举中国特色社会主义伟大旗帜，坚定道路自信、理论自信、制度自信、文化自信，贯彻党的基本理论、基本路线、基本方略。

大会认为，实现中华民族伟大复兴是近代以来中华民族最伟大的梦想，是我们党向人民、向历史作出的庄严承诺。大会同意在党章中明确实现"两个一百年"奋斗目标、实现中华民族伟大复兴的中国梦的宏伟目标。

大会认为，党的十九大作出的我国社会主要矛盾已经转化为人民日益增长的美好生活需要和不平衡不充分的发展之间的矛盾的重大政治论断，反映了我国社会发展的客观实际，是制定党和国家大政方针、长远战略的重要依据。党章据此作出相应修改。

大会认为，把促进国民经济更高质量、更有效率、更加公平、更可持续发展，完善和发展中国特色社会主义制度，推进国家治理体系和治理能力现代化，更加注重改革的系统性、整体性、协同性等内容写入党章，有利于推动全党把思想和行动统一到党中央科学判断和战略部署上来，树立和践行新发展理念，不断开创改革发展新局面。

大会认为，党的十八大以来，以习近平同志为核心的党中央在经济建设、政治建设、文化建设、社会建设、生态文明建设方面提出一系列新理念新思想新战略。充实这些内容，对全党更加自觉、更加坚定地贯彻党的基本理论、基本路线、基本方略，统筹推进"五位一体"总体布局具有十分重要的作用。

大会认为，党的十八大以来习近平同志就加强国防和军队建设、民族团结、"一国两制"和祖国统一、统一战线、外交工作提出一系列重要思想观点，为坚持走中国特色强军之路、维护和发展平等团结互助和谐的社会主义民族关系、推进祖国统一、推动构建人类命运共同体进一步指明了方向。

充实这些内容，有利于加强党对人民军队的绝对领导、提高国防和军队现代化水平，有利于加强民族团结，有利于提高我国开放型经济水平。

大会认为，党的十八大以来，我们党扎实推进全面从严治党，在加强党的建设方面进行了全方位探索，取得了许多成功经验和重大成果，必须及时体现到党章中，使之转化为全党共同意志和共同遵循。

大会认为，中国共产党的领导是中国特色社会主义最本质的特征，是中国特色社会主义制度的最大优势。党政军民学，东西南北中，党是领导一切的。大会同意把这一重大政治原则写入党章。

大会认为，总结吸收党的十八大以来党的工作和党的建设的成功经验，并同总纲部分修改相衔接，对党章部分条文作适当修改十分必要。

大会完成各项议程后，习近平在热烈的掌声中发表了重要讲话。他表示，在全体代表共同努力下，这次大会开成了一次不忘初心、牢记使命、高举旗帜、团结奋进的大会。大会通过的十八届中央委员会的报告，高举中国特色社会主义伟大旗帜，以马克思列宁主义、毛泽东思想、邓小平理论、"三个代表"重要思想、科学发展观、新时代中国特色社会主义思想为指导，分析了国际国内形势发展变化，回顾和总结了过去5年的工作和历史性变革，深刻阐述了新时代中国共产党的历史使命，提出了新时代中国特色社会主义思想和基本方略，确定了决胜全面建成小康社会、开启全面建设社会主义现代化国家新征程的目标,对新时代推进中国特色社会主义伟大事业和党的建设新的伟大工程作出了全面部署,进一步指明了党和国家事业的前进方向。大会通过的中央纪律检查委员会工作报告,总结了十八届中央纪律检查委员会的工作,充分肯定了在党中央坚强领导下,各级纪律检查委员会忠诚履行党章赋予的职责,深入开展党风廉政建设和反腐败斗争,锲而不舍落实中央八项规定精神,严明政治纪律和政治规矩,推动各级党组织落实管党治党政治责任,发挥巡视利剑作用,把纪律挺在前面,坚决遏制腐败蔓延势头,净化党内政治生态,推动形成和巩固发展了反腐败斗争压倒性态势。大会通过的党章修正案,体现了党的十八大以来党的理论创新、实践创新、制度创新取得的成果,体现了党的十九大报告确立的重大理论观点和重大战略思想,反映了这些年来党的建设的成功经验,对加强党的全面领导、推进全面从严治党提出了明确要求。大会选举产生了新一届中央委员会,实现了新老交替。大会还选举产生了新一届中央纪律检查委员会。我们相信,这次大会作出的各项决策部署、取得的各项成果,必将对决胜全面建成小康社会、开启全面建设社会主义现代化国家新征程,对推进全面从严治党、推进党的建设新的伟大工程,对夺取新时代中国特色社会主义伟大胜利、实现中华民族伟大复兴的中国梦发挥十分重要的指导和保证作用。

习近平强调,我们作为党的全国代表大会代表,使命光荣，责任重大，一定要牢记党的初心和使命，牢记自己肩负的神圣职责，认真学习党的理论和路线方针政策，贯彻落实党关于决胜全面建成小康社会、开启全面建设社会主义现代化国家新征程的战略部署，更加自觉地学习党章、遵守党章、贯彻党章、维护党章，在思想上政治上行动上同党中央保持高度一致；一定要密切同广大党员和人民群众的联系，及时反映广大党员和人民群众呼声，正确行使代表权利，自觉接受党和人民监督；一定要发挥模范带头作用，自觉按照新时代党的建设总要求改造和提高自己，积极投身新时代中国特色社会主义伟大实践，为党和国家事业贡献自己的智慧和力量，为全体党员作出表率，不辜负广大党员信任。

习近平表示，大会期间，各民主党派中央、全国工商联和各族各界人士向大会表示祝贺，广大人民群众通过各种方式向大会表示祝贺，许多国家领导人、政党、组织以及各界人士来电来函，也对大会表示祝贺，大会主席团谨向他们表示衷心的感谢。

习近平强调，中国共产党已经成立96年了，中华人民共和国已经成立68年了，改革开放已经进行39年了。长期以来，我们党团结带领中国人民和中华民族不懈奋斗、顽强拼搏，彻底改变了鸦片战争以后旧中国受人欺凌的悲惨境况，彻底改变了中国人民和中华民族积贫积弱的悲惨境况。今天，13亿多中国人民意气风发、豪情满怀，我们960多万平方公里的祖国大地生机勃发、春意盎然，我们5000多年的中华文明光彩夺目、魅力永恒，我们党的领导和我国社会主义制度坚强牢固、充满活力，中国人民和中华民族前程伟大、前途光明。处在这样一个伟大时代，我们倍感自信自豪，同时也深感责任重大。我们要拿出勇气、拿出干劲，在一代一代中国共产党人团结带领人民创造的历史伟业的基础上，创造出无愧于时代的业绩，大踏步走向充满希望的未来。

习近平强调，中国共产党人的初心和使命，就是为中国人民谋幸福，为中华民族谋复兴。这个初心和使命是激励中国共产党人不断前进的根本动力。全党同志一定要永远与人民同呼吸、共命运、心连心，永远把人民对美好生活的向往作为奋斗目标，以永不懈怠的精神状态和一往无前的奋斗姿态，继续朝着实现中华民族伟大复兴的宏伟目标奋勇前进。全党要紧密团结在党中央周围，高举中国特色社会主义伟大旗帜，解放思想，改革创新，锐意进取，埋头苦干，带领全国各族人民为实现党的十九大确定的目标任务而奋斗。

大会选举后，现任和曾任全国人大常委会副委员长、全国政协副主席的党外人士，在京各民主党派中央、全国工商联副主席，无党派代表人士，宗教界代表人士，在京全国人大、全国政协常委中的民主党派、无党派和民族宗教界人士作为来宾列席大会。党内有关负责同志也列席了大会。

大会在雄壮的《国际歌》声中圆满结束。

《人民日报》（2017年10月25日01版）

> 人民日报社论

夺取新时代中国特色社会主义伟大胜利

——热烈祝贺中国共产党第十九次全国代表大会胜利闭幕

新思想引领新时代,新使命开启新征程,中国共产党第十九次全国代表大会圆满完成各项议程和崇高使命,在北京胜利闭幕。我们党以永不懈怠的精神状态和一往无前的奋斗姿态,吹响了夺取新时代中国特色社会主义伟大胜利的前进号角。

党的十九大是在全面建成小康社会决胜阶段、中国特色社会主义进入新时代的关键时期召开的一次十分重要的大会。大会批准了习近平同志代表第十八届中央委员会所作的报告,批准了中央纪律检查委员会工作报告,审议通过了《中国共产党章程(修正案)》,选举产生了新一届中央委员会和中央纪律检查委员会。这是一次团结的大会、胜利的大会、奋进的大会,在我们党和国家的发展进程中具有极其重大的历史意义。

大会高度评价习近平同志所作的报告。报告高举中国特色社会主义伟大旗帜，总结了党的十八大以来党和国家事业的历史性变革，作出了中国特色社会主义进入了新时代、我国社会主要矛盾已经转化为人民日益增长的美好生活需要和不平衡不充分的发展之间的矛盾等重大政治论断，系统阐述了新时代中国特色社会主义思想，明确提出了新时代坚持和发展中国特色社会主义的基本方略，深刻回答了新时代坚持和发展中国特色社会主义的一系列重大理论和实践问题，对决胜全面建成小康社会、开启全面建设社会主义现代化国家新征程作出了全面部署。代表们一致认为，这是一个举旗帜、指方向、明方略、绘蓝图的好报告，是一篇光辉的马克思主义纲领性文献，是我们党进入新时代、踏上新征程、书写新篇章的政治宣言和行动纲领。

大会高度评价第十八届中央委员会的工作，高度评价党的十八大以来我们党带领人民所经历的极不平凡的奋斗历程。五年来，以习近平同志为核心的党中央，以巨大的政治勇气和强烈的责任担当，提出一系列新理念新思想新战略，出台一系列重大方针政策，推出一系列重大举措，推进一系列重大工作，解决了许多长期想解决而没有解决的难题，办成了许多过去想办而没有办成的大事。五年来，党和国家事业发生的历史性变革、取得的历史性成就，在我们党的历史、中华人民共和国历史、中华民族历史上具有里程碑意义。

"中国特色社会主义进入了新时代"，这是党的十九大对我国发展新的历史方位的科学判断,也是贯穿党的十九大报告的一条主线。在新时代坚持和发展中国特色社会主义,就要深刻认识新时代的重大意义和丰富内涵,就要深刻认识新时代我国社会主要矛盾的历史性变化,从而牢牢把握我们党在新时代的历史使命,更好进行伟大斗争、建设伟大工程、推进伟大事业、实现伟大梦想,在新时代中国特色社会主义的伟大实践中,以党的坚强领导和顽强奋斗,激励全体中华儿女不断奋进,凝聚起同心共筑中国梦的磅礴力量。

习近平新时代中国特色社会主义思想,是马克思主义基本原理同中国具体实际相结合的又一次飞跃,也是贯穿党的十九大报告的灵魂。从"八个明确"到"十四条坚持",习近平新时代中国特色社会主义思想,系统回答了新时代坚持和发展什么样的中国特色社会主义、怎样坚持和发展中国特色社会主义这个重大时代课题,并根据新的实践对党和国家事业各方面作出了理论分析和政策指导,是全党全国各族人民为实现中华民族伟大复兴而奋斗的行动指南。把习近平新时代中国特色社会主义思想确立为党必须长期坚持的指导思想,这是党的指导思想又一次与时俱进,全党要深刻领会其精神实质和丰富内涵,在各项工作中全面准确贯彻落实。

从党的十九大到党的二十大,是"两个一百年"奋斗目标的历史交汇期。在这一关键时期,党的十九大对新时代中国特色社会主义发展作出新的战略安排。第一个阶段,从2020年到2035年,在全面建成小康社会的基础上,基本实现社会主义现代化；第二个阶段，从2035年到本世纪中叶，把我国建成富强民主文明和谐美丽的社会主义现代化强国。这一战略安排，表明我们党有能力带领全国各族人民提前15年完成原定的第二个百年目标，使中华民族伟大复兴的中国梦呈现出崭新图景。历史只会眷顾坚定者、奋进者、搏击者，从全面建成小康社会到基本实现现代化，再到全面建成社会主义现代化强国，我们要坚忍不拔、锲而不舍，奋力谱写社会主义现代化新征程的壮丽篇章。

历史已经证明并将继续证明，没有中国共产党的领导，民族复兴必然是空想。党的十八大以来，我们党在革命性锻造中更加坚强，焕发出新的强大生机活力，为党和国家事业发展提供了坚强政治保证。今天，中国特色社会主义进入新时代，我们党要有新气象新作为，就必须按照新时代党的建设总要求，把党建设成为始终走在时代前列、人民衷心拥护、勇于自我革命、经得起各种风浪考验、朝气蓬勃的马克思主义执政党，确保党在世界形势深刻变化的历史进程中始终走在时代前列，在应对国内外各种风险和考验的历史进程中始终成为全国人民的主心骨，在坚持和发展中国特色社会主义的历史进程中始终成为坚强领导核心。

不忘初心，牢记使命。当前，摆在我们面前的首要政治任务，就是认真学习贯彻党的十九大精神，把思想和行动统一到党的十九大精神上来，把智慧和力量凝聚到落实党的十九大提出的各项任务上来。全党一定要保持艰苦奋斗、戒骄戒躁的作风，保持党同人民群众的血肉联系，团结一切可以团结的力量，以时不我待、只争朝夕的精神，奋力走好新时代的长征路，不断开创中华民族伟大复兴更加光明的前景。

中华民族是历经磨难、不屈不挠的伟大民族，中国人民是勤劳勇敢、自强不息的伟大人民，中国共产党是敢于斗争、敢于胜利的伟大政党。让我们更加紧密地团结在以习近平同志为核心的党中央周围，高举中国特色社会主义伟大旗帜，以习近平新时代中国特色社会主义思想为指导，锐意进取，埋头苦干，为实现推进现代化建设、完成祖国统一、维护世界和平与促进共同发展三大历史任务，为决胜全面建成小康社会、夺取新时代中国特色社会主义伟大胜利、实现中华民族伟大复兴的中国梦、实现人民对美好生活的向往继续奋斗！

《人民日报》(2017年10月25日03版)

人民日报社论

引领新时代的坚强领导核心

伟大的事业薪火相传，伟大的政党生生不息。中国共产党第十九届中央委员会第一次全体会议，选举产生了新的中央领导机构，习近平同志再次当选为中央委员会总书记、中央军委主席，一批为党和国家事业作出重大贡献的同志从党中央领导岗位上退下来，一批德才兼备、年富力强的领导干部进入新一届中央委员会和中央领导机构。这是一个政治坚定、团结统一、坚强有力、奋发有为的中央领导集体，这是一个人民可以期待、适应党和国家事业发展需要的中央领导集体。选举结果充分体现了全党全军全国各族人民的共同心愿，充分反映了我们党朝气蓬勃、兴旺发达。全党同志深信，以习近平同志为核心的党中央将团结带领全党全军全国各族人民，决胜全面建成小康社会，奋力夺取新时代中国特色社会主义伟大胜利。

党的十九大，高举中国特色社会主义伟大旗帜，作出中国特色社会主义进入了新时代、我国社会主要矛盾已经转化为人民日益增长的美好生活需要和不平衡不充分的发展之间的矛盾等重大政治论断,把习近平新时代中国特色社会主义思想确立为党必须长期坚持的指导思想,深刻回答了新时代坚持和发展中国特色社会主义的一系列重大理论和实践问题,对决胜全面建成小康社会、开启全面建设社会主义现代化国家新征程作出了全面部署。党的十九大和党的十九届一中全会的胜利召开,为党和人民事业发展进步指明了前进方向,为我们党继续带领全国各族人民团结奋斗奠定了重要的思想政治基础,为全面贯彻落实党的十九大精神,全面贯彻党的基本理论、基本路线、基本方略,提供了坚强的政治保证和组织保证。这充分表明,我们党是一个不忘初心、牢记使命、坚定成熟、永葆先进的马克思主义执政党。

伟大的事业必须有坚强的党来领导。我们这样的大国大党,要像习近平总书记强调的"大就要有大的样子"那样,在新时代凝聚全党、团结人民、战胜挑战、破浪前进,保证我们党始终成为中国特色社会主义的坚强领导力量,必须有坚强有力的领导核心。今天,肩负新时代的历史使命,更好进行伟大斗争、建设伟大工程、推进伟大事业、实现伟大梦想,我们党更加需要一个坚强的领导核心和中央领导集体。坚决维护以习近平同志为核心的党中央权威和集中统一领导,坚决维护习近平总书记党中央的核心、全党的核心地位,才能凝聚中央委员会、中央政治局成员的智慧,凝聚各级领导干部的智慧,凝聚全党8900多万党员的智慧,凝聚起同心共筑中国梦的磅礴力量。

不忘初心，方得始终。让我们更加紧密地团结在以习近平同志为核心的党中央周围，坚持以习近平新时代中国特色社会主义思想为指导，在新时代展现党的新气象新作为，在新征程谱写新篇章夺取新胜利，不断开创中华民族伟大复兴更加光明的前景。

《人民日报》（2017年10月26日06版）

十九大新闻中心举行新闻发布会，
有关部门负责人解读十九大报告亮点

描绘新时代的宏伟蓝图

本报北京 10 月 26 日电 （记者金正波）26 日上午，十九大新闻中心举行新闻发布会，中央纪委副书记肖培，中央政策研究室常务副主任、中央宣传部副部长王晓晖，中央文献研究室主任冷溶，国务院法制办公室党组书记、副主任袁曙宏，中央财经领导小组办公室副主任杨伟民，中央纪委驻国资委纪检组组长、国资委党委委员江金权解读十九大报告，并回答记者提问。新闻发布会由十九大新闻发言人、中宣部副部长庹震主持。350 多名中外记者参加了新闻发布会。

五年来的成就是全方位的、开创性的，变革是深层次的、根本性的

"十八大以来的五年，是党和国家发展进程中极不平凡的五年。"袁曙宏表示，"极不平凡"四个字，说出了全党 8900 多万党员、全国 13 亿多人民的深刻感悟和无比自豪。

"五年来的成就是全方位的、开创性的,五年来的变革是深层次的、根本性的。"袁曙宏认为,这两句话的精辟概括铿锵有力、客观准确。五年来,以习近平同志为核心的党中央以大智慧、大视野、大格局,确立了中国特色社会主义事业"五位一体"总体布局和"四个全面"战略布局,全面深化改革取得重大突破,全面依法治国深入推进,全面从严治党成效卓著,解决了许多长期想解决而没有解决的难题,办成了许多过去想办而没有办成的大事。

袁曙宏表示,五年来我们党之所以能推进历史性重大变革、取得历史性重大成就,最根本的就在于有以习近平同志为核心的党中央的坚强领导,有习近平新时代中国特色社会主义思想的科学指引,有习近平总书记作为党的核心、人民的领袖、军队的统帅。

"十八大以来,我们取得了历史性成就,其中最伟大的成就之一,就是创立了习近平新时代中国特色社会主义思想。"王晓晖表示。

王晓晖指出,习近平新时代中国特色社会主义思想,是党和人民实践经验和集体智慧的结晶,但它的主要创立者是习近平同志。在这一思想的创立过程中,习近平同志作出了卓越的理论贡献。在领导推进党和国家事业发展的实践中,习近平同志以马克思主义政治家、理论家的深刻洞察力、敏锐判断力和战略定力,提出了一系列具有开创性的新理念新思想新战略,为这一科学理论的创立发挥了决定性作用、作出了决定性贡献。

谈到习近平新时代中国特色社会主义思想的历史性贡献时，王晓晖表示，习近平新时代中国特色社会主义思想开辟了马克思主义新境界，实现了马克思主义基本原理与中国具体实际相结合的又一次飞跃；开辟了中国特色社会主义新境界，深刻揭示了新时代中国特色社会主义的本质特征、发展规律和建设路径；开辟了治国理政新境界，正是在这一思想指引下，我们党团结带领人民推动党和国家事业发生了历史性变革；开辟了管党治党新境界，实现从"宽松软"到"严紧硬"的深刻转变。

"两步走"战略完整勾画了我国社会主义现代化建设的时间表、路线图

"经过长期努力，中国特色社会主义进入了新时代，这是我国发展新的历史方位。"冷溶表示，这一重大政治论断，是报告的一大亮点。党的十九大确立了新时代的指导思想和基本方略，提出了新时代党的历史使命，描绘了新时代的宏伟蓝图，作出了新时代党的战略部署，明确了新时代党的建设的新要求。

中国特色社会主义进入新时代，我国社会主要矛盾也发生了变化，"已经转化为人民日益增长的美好生活需要和不平衡不充分的发展之间的矛盾"。冷溶认为，从原来讲的"物质文化需要"到"美好生活需要"，从解决"落后的社会生产"

问题到解决"不平衡不充分的发展"问题，反映了我国社会发展的巨大进步，反映了发展的阶段性要求，反映了党和国家事业发展的重点要求。经济建设仍是中心工作，但在新时代更要注重抓全面发展。

党的十九大到二十大是"两个一百年"奋斗目标的历史交汇期，十九大既明确了实现第一个百年目标的重点，也对实现第二个百年目标进行了战略谋划。杨伟民说，再过三年我们将全面建成小康社会，这三年是决胜的三年、攻坚的三年，特别要打好防范化解重大风险、精准脱贫、污染防治"三大攻坚战"，这是全面建成小康社会的底线。十九大报告明确这"三大攻坚战"，有利于引导各方面全面准确把握全面建成小康社会的难点重点、主攻方向。

杨伟民认为，十九大报告明确全面建设社会主义现代化国家分"两步走"的战略安排，完整勾画了我国社会主义现代化建设的时间表、路线图。改革开放以后我国社会主义现代化建设的时间表、路线图实际上分成五个阶段：第一阶段，改革开放之初到1990年主要解决人民的温饱问题；第二阶段，1991年到2000年使人民生活达到小康水平；第三阶段，2001年到2020年全面建成小康社会；第四阶段，2021年到2035年基本实现社会主义现代化；第五阶段，2036年到2050年建成富强民主文明和谐美丽的社会主义现代化强国。

全面从严治党永远在路上，
绝不能有任何喘口气、歇歇脚的念头

"五年来，全面从严治党成效卓著。我们党勇于面对重大风险考验和党内存在的突出问题，以顽强意志品质正风肃纪、反腐惩恶，消除了党和国家内部存在的严重隐患，党内政治生活气象更新，党内政治生态明显好转，党的创造力、凝聚力、战斗力显著增强。"江金权表示，报告充分体现了"政治报告"的特点，最突出的一点是把强化党的领导、加强党的建设贯穿全篇，成为全篇的"纲"和"魂"。

江金权指出，报告第一次把党的政治建设纳入党的建设总体布局，强调以党的政治建设为统领。这是马克思主义党建理论的重大创新。在新的党的建设总体布局中，党的政治建设是最重要的，是统领、是核心，决定党的建设的方向和效果。

"十九大报告3.2万字，全面从严治党部分4100字，占了报告的1/8，可见分量之重。这部分1个序言、8项任务，条条都是党对人民的庄严承诺。"肖培表示。

习近平总书记强调，全面从严治党永远在路上，绝不能有任何喘口气、歇歇脚的念头，我们要继续革除一切侵害党的肌体健康的病毒，要大力营造风清气正的政治生态。肖培指出，过去五年共查处违反中央八项规定精神问题18.9万件，处理党员干部25.6万人。今后要发扬钉钉子精神，紧盯享乐主义和奢靡之风,加大纠正形式主义、官僚主义力度,绝不能让"四风"反弹回潮。

党的十九大作出反腐败斗争形势依然严峻复杂的政治判断,提出要求:坚持无禁区、全覆盖、零容忍,坚持重遏制、强高压、长震慑,坚持受贿行贿一起查。肖培强调,今后的惩治重点,就是在高压态势下仍然不收敛、不收手,群众反映强烈、问题反映集中,已经进入了重要岗位、可能还要提拔使用的领导干部,清除政治问题与经济腐败相互交织的利益集团,强化不敢腐的震慑,扎牢不能腐的笼子,增强不想腐的自觉。

肖培表示,要深化国家监察体制改革,将试点工作在全国推开,实现巡视监督、派驻监督、国家监察3个全覆盖,健全完善党和国家监督体系。

《人民日报》(2017年10月27日06版)

中国共产党第十九次全国代表大会秘书处负责人

就党的十九大通过的《中国共产党章程（修正案）》答记者问

2017年10月24日，中国共产党第十九次全国代表大会通过了《中国共产党章程（修正案）》，新华社记者就此采访了党的十九大秘书处负责人。

问：请你谈谈党的十九大为什么要修改党章？

答：党的全国代表大会根据党的理论创新和实践创新对党章进行修改，是我们党的一个惯例。现行党章是党的十二大修改制定的。根据形势和任务的发展变化，党的十三大至十八大都对党章作了不同程度的修改。

党的十八大以来，以习近平同志为核心的党中央坚持以马克思列宁主义、毛泽东思想、邓小平理论、"三个代表"重要思想、科学发展观为指导，顺应时代发展，集中全党智慧，大力推进理论创新，创立了习近平新时代中国特色社会主义思想，开辟了马克思主义中国化新境界、中国特色社会主义新境界。在习近平新时代中国特色社会主义思想指导下，中国共产党领导全国各族人民，统揽伟大斗争、伟大工程、伟大事业、伟大梦想，推动中国特色社会主义进入了新时代。习近平新时代中国特色社会主义思想的理论意义和实践意义日益显现，得到全党全国各族人民广泛认同和拥护，列入党的指导思想的时机和条件已经成熟。

5年来，以习近平同志为核心的党中央科学把握当今世界和当代中国发展大势，顺应实践要求和人民愿望，坚持以新发展理念引领经济发展，统筹推进"五位一体"总体布局，协调推进"四个全面"战略布局，提出一系列新理念新思想新战略，出台一系列重大方针政策，推出一系列重大举措，推进一系列重大工作，解决了许多长期想解决而没有解决的难题，办成了许多过去想办而没有办成的大事，推动党和国家事业取得历史性成就、发生历史性变革。同时，坚持思想建党和制度治党同向发力，坚定不移推进全面从严治党，着力解决人民群众反映最强烈、对党的执政基础威胁最大的突出问题，形成反腐败斗争压倒性态势，党内政治生活气象更新，党内政治生态明显好转，党自我净化、自我完善、自我革新、自我提高能力显著提高，党执政的社会基础和群众基础更加巩固。

因此，在征求意见中，大家一致建议对党章进行适当修改，把习近平新时代中国特色社会主义思想同马克思列宁主义、毛泽东思想、邓小平理论、"三个代表"重要思想、科学发展观一道确立为党的指导思想并写入党章，把坚定维护以习近平同志为核心的党中央权威和集中统一领导写入党章，把党的十八大以来党中央推进全面从严治党一系列重大创新成果和行之有效的成功经验写入党章。可以说，修改党章是实现党的指导思想与时俱进的客观需要，是新时代推动党和国家事业发展的必然要求，是推进党的建设新的伟大工程的战略举措，是贯彻落实党的十九大精神的现实需要。

党的十九大报告站在历史和时代高度，根据国际形势变化和国内经济社会发展的新特点，阐明了未来一个时期党和国家工作的大政方针和战略部署，提出了一系列新的重要思想、重要观点、重大论断、重大举措。在党章中体现党的十九大报告的重要内容，有利于更好地把学习党章与学习党的十九大精神有机结合起来，扎实推动党的十九大精神学习领会和贯彻落实。

根据历史经验和实践要求，党中央决定这次对党章只作适当修改，并确定了修改工作原则：坚持以马克思列宁主义、毛泽东思想、邓小平理论、"三个代表"重要思想、科学发展观为指导，深入贯彻习近平总书记系列重要讲话精神和治国理政新理念新思想新战略，把党的十九大报告确立的重大理论观点和重大战略思想写入党章；坚持发扬党内民主，集中全党智慧；保持党章总体稳定，只修改那些必须改的、在党内已经形成共识的内容，努力使修改后的党章充分体现马克思主义中国化最新成果，充分体现党的十八大以来党中央提出的一系列重大战略思想，充分体现党的工作和党的建设的新鲜经验，以适应新形势新任务对党的工作和党的建设提出的新要求。

问：这次党章修改工作有什么特点？

答：坚持发扬党内民主，集中全党智慧，是党中央确定的这次党章修改的一条重要原则，也是这次党章修改工作的一个鲜明特点。党的十九大筹备工作开始后，在党中央就党的十九大报告议题向各地区各部门征求意见过程中，许多地方和部门建议党的十九大根据党的实践发展和理论创新、根据形势任务发展变化和推进党的事业、加强党的建设提出的新要求，对党章作适当修改。中央政治局认真研究了这个建议，作出了对党章进行适当修改的决定，并成立党章修改小组。党章修改工作启动后，党中央发出通知，专门就党章修改向各地区各部门征求意见。党章修改小组在认真研究各方面意见和建议的基础上，提出了党章修改方案。中央政治局常委会会议、中央政治局会议先后对党章修改方案进行审议，形成党章修正案征求意见稿。之后，党中央将党章修正案征求意见稿印发各地区各部门和党的十八大、十九大代表征求意见。习近平总书记高度重视、全程指导党章修改工作，亲自主持召开6次座谈会，听取各省区市、解放军各大单位和中央军委机关各部门主要负责同志对党章修正案的修改意见和建议。根据各方面反馈的修改意见和建议，党章修改小组又对党章修正案征求意见稿进行了认真修改，经中央政治局常委会会议、中央政治局会议再次审议后，提交党的十八届七中全会通过,形成了提交党的十九大审议的党章修正案。党的十九大期间,全体代表进行认真讨论,提出一些修改意见。党章修改小组综合这些意见,形成了党章修正案大会表决稿。10月24日,大会全体会议一致通过党章修正案。可见,这次党章修改工作广泛征求各方面意见,集中了全党智慧,凝聚了全党共识,体现了全党意志,是党中央充分发扬党内民主的一次生动实践。

问:怎样理解党章修正案将习近平新时代中国特色社会主义思想确立为党的指导思想的重大意义?

答:党章修正案规定:中国共产党以马克思列宁主义、毛泽东思想、邓小平理论、"三个代表"重要思想、科学发展观、习近平新时代中国特色社会主义思想作为自己的行动指南。把习近平新时代中国特色社会主义思想确立为党的指导思想,写在党的旗帜上,是这次党章修改的最大亮点和最突出的历史贡献。

党的十八大以来,习近平总书记以非凡的政治智慧、顽强的意志品质、强烈的责任担当,团结带领全党全国各族人民进行具有许多新的历史特点的伟大斗争,统筹推进"五位一体"总体布局,协调推进"四个全面"战略布局,推动改革开放和社会主义现代化建设取得历史性成就,推动党和国家事业全面开创新局面、发生历史性变革,赢得全党全军全国各族人民高度评价和衷心爱戴,成为党中央的核心、全党的核心。在领导全党全国推进党和国家事业的实践中,习近平总书记以马克思主义政治家、理论家、战略家的深刻洞察力、敏锐判断力和战略定力，提出了一系列具有开创性意义的新理念新思想新战略，为新时代中国特色社会主义思想的创立发挥了决定性作用、作出了决定性贡献。

在这次党章修改征求意见过程中，各地区各部门一致建议，对习近平总书记系列重要讲话和治国理政新理念新思想新战略进行提炼概括，上升为党的指导思想。党章修正案采纳了这项建议，并在党章修正案总纲第七自然段后增写了一个自然段，表述为：十八大以来，以习近平同志为主要代表的中国共产党人，顺应时代发展，从理论和实践结合上系统回答了新时代坚持和发展什么样的中国特色社会主义、怎样坚持和发展中国特色社会主义这个重大时代课题，创立了习近平新时代中国特色社会主义思想。习近平新时代中国特色社会主义思想是对马克思列宁主义、毛泽东思想、邓小平理论、"三个代表"重要思想、科学发展观的继承和发展，是马克思主义中国化最新成果，是党和人民实践经验和集体智慧的结晶，是中国特色社会主义理论体系的重要组成部分，是全党全国人民为实现中华民族伟大复兴而奋斗的行动指南，必须长期坚持并不断发展。在习近平新时代中国特色社会主义思想指导下，中国共产党领导全国各族人民，统揽伟大斗争、伟大工程、伟大事业、伟大梦想，推动中国特色社会主义进入了新时代。

将习近平新时代中国特色社会主义思想确立为党的指导思想，是中国特色社会主义进入新时代的必然要求，是符合党心民意的重大决策，对全党把思想和行动统一到习近平新时代中国特色社会主义思想上来、以习近平新时代中国特色社会主义思想指导我国社会主义现代化建设和党的建设新的伟大工程，必将产生重大而深远的影响。全党同志必须切实增强学习贯彻习近平新时代中国特色社会主义思想的自觉性和坚定性，深刻领会习近平新时代中国特色社会主义思想的科学体系、精神实质、实践要求，把握好贯穿其中的马克思主义立场观点方法，更加自觉地为实现党的历史使命不懈奋斗。

问：党章修正案对改革开放以来取得一切成绩和进步的根本原因作了哪些充实？

答：党章修正案对总纲原第八自然段改革开放以来取得一切成绩和进步的根本原因作了充实，将发展了中国特色社会主义文化，同开辟了中国特色社会主义道路、形成了中国特色社会主义理论体系、确立了中国特色社会主义制度一道写入党章。同时，在高举中国特色社会主义伟大旗帜后增写坚定道路自信、理论自信、制度自信、文化自信，贯彻党的基本理论、基本路线、基本方略的内容；在三大历史任务后增写实现"两个一百年"奋斗目标、实现中华民族伟大复兴的中国梦的内容。作这样的充实，有利于全党全面把握中国特色社会主义内涵，增强坚持和发展中国特色社会主义的政治定力，为实现党和国家的宏伟目标提供强大精神支撑。

问：党章修正案对社会主义初级阶段的内容作了哪些调整和充实？

答：党的十九大报告作出我国社会主要矛盾已经转化为人民日益增长的美好生活需要和不平衡不充分的发展之间的矛盾这一重大政治论断。与之相适应，党章修正案在总纲原第九自然段作了相应修改。这一自然段还增写了必须坚持以人民为中心的发展思想，坚持创新、协调、绿色、开放、共享的发展理念的内容；将必须按照中国特色社会主义事业总体布局修改为必须按照中国特色社会主义事业"五位一体"总体布局和"四个全面"战略布局，并增写协调推进全面建成小康社会、全面深化改革、全面依法治国、全面从严治党的内容。同时，将新世纪新时代经济和社会发展目标调整表述为：到建党一百年时，全面建成小康社会；到新中国成立一百年时，全面建成社会主义现代化强国。作这些修改，有利于推动全党把思想和行动统一到党中央的科学判断和战略部署上来，树立和践行新发展理念，自觉为实现"两个一百年"奋斗目标不懈努力。

问：党章修正案对党的基本路线充实完善了哪些内容？

答：党的基本路线是党和国家的生命线、人民的幸福线，既要长期坚持不动摇，又要与时俱进深化认识。党章修正案吸收各地区各部门的建议，将党的十八大以来习近平总书记的重要思想观点和党的十九大报告的相关提法充实进总纲有关自然段。一是将总纲原第十自然段最后一句调整表述为：为把我国建设成为富强民主文明和谐美丽的社会主义现代化强国而奋斗。二是把握我国发展阶段性特征，在总纲原第十一自然段中增写实施创新驱动发展战略、乡村振兴战略、区域协调发展战略、军民融合发展战略，充分发挥创新作为引领发展第一动力的作用等内容。同时，将又好又快发展修改为更高质量、更有效率、更加公平、更可持续发展。作这些修改，体现了我们党对现阶段我国经济发展趋势和特征的准确把握，有利于推动经济社会持续健康发展。三是在总纲原第十三自然段中增写要全面深化改革，完善和发展中国特色社会主义制度，推进国家治理体系和治理能力现代化，更加注重改革的系统性、整体性、协同性等内容。作这些增写，有利于增强全党全面深化改革的政治定力，不断巩固和拓展改革成果。

问： 党章修正案在中国特色社会主义"五位一体"总体布局方面有哪些充实和完善？

答： 党的十八大以来，习近平总书记在经济建设、政治建设、文化建设、社会建设、生态文明建设方面提出了许多新理念新思想新战略。党章修正案吸收这些重大成果，对总纲原第十四至第十八自然段进行了充实和完善。

党章修正案在总纲原第十四自然段中，将发挥市场在资源配置中的基础性作用修改为发挥市场在资源配置中的决定性作用，更好发挥政府作用，并增写推进供给侧结构性改革，建设世界科技强国等内容。作这样的修改，进一步完善了发展社会主义市场经济的内容，有利于推进供给侧结构性改革，有利于全党凝心聚力朝着建设世界科技强国的目标奋进。

建设中国特色社会主义法治体系，建设社会主义法治国家，是党的十八届四中全会确立的全面推进依法治国的总目标。协商民主是我国社会主义民主政治的特有形式和独特优势，是党的群众路线在政治领域的重要体现。党章修正案将总纲原第十五自然段中的健全社会主义法制修改为建设中国特色社会主义法治体系，并增写推进协商民主广泛、多层、制度化发展的内容。作这样的修改，进一步充实和完善了发展社会主义民主政治的内容，有利于我们坚持走中国特色社会主义政治发展道路，把握全面依法治国的正确方向，不断丰富和发展社会主义民主政治的内涵和形式。

党章修正案在总纲原第十六自然段中，将弘扬民族优秀传统文化，繁荣和发展社会主义文化修改为推动中华优秀传统文化创造性转化、创新性发展，继承革命文化，发展社会主义先进文化，提高国家文化软实力；增写培育和践行社会主义核心价值观，牢牢掌握意识形态工作领导权，不断巩固马克思主义在意识形态领域的指导地位，巩固全党全国人民团结奋斗的共同思想基础等内容。作这样的充实，有利于促进全党坚持社会主义文化发展道路，激发全民族文化创新创造活力，坚定文化自信，增强文化自觉，建设社会主义文化强国。

党章修正案在总纲原第十七自然段中，将加强和创新社会管理修改为加强和创新社会治理；增写不断增强人民群众获得感，坚持总体国家安全观，坚决维护国家主权、安全、发展利益等内容。作这样的修改和完善，有利于全党加强和创新社会治理，以有力举措保障和改善民生，切实维护国家安全，为满足人民对美好生活的向往创造良好条件。

党章修正案吸收习近平总书记关于推进生态文明建设的重要思想观点，在总纲原第十八自然段中，增写增强绿水青山就是金山银山的意识，实行最严格的生态环境保护制度等内容。作这样的充实，有利于全党牢固树立社会主义生态文明观，自觉践行绿色发展理念，同心同德建设美丽中国，开创社会主义生态文明新时代。

问：党章修正案对党的建设总体要求调整充实了哪些内容？

答：党章修正案吸收习近平总书记全面从严治党思想和党的十八大以来党的建设实践创新成果，对总纲原第二十三至第二十七自然段进行了适当修改。一是明确提出坚持党要管党、全面从严治党这一党的建设指导方针，将加强党的执政能力建设、先进性和纯洁性建设修改为加强党的长期执政能力建设、先进性和纯洁性建设。二是根据党的十九大报告的表述，把政治建设、纪律建设纳入党的建设总体布局，并且凸显了党的政治建设在党的建设中的统领地位。同时，增写不断增强自我净化、自我完善、自我革新、自我提高能力的内容。三是在党的建设基本要求第一项坚持党的基本路线中，增写用习近平新时代中国特色社会主义思想统一思想、统一行动的内容；将选拔使用在改革开放和社会主义现代化建设中政绩突出、群众信任的干部修改为培养选拔党和人民需要的好干部；将党的基本理论、基本路线、基本纲领、基本经验修改为党的基本理论、基本路线、基本方略，删去全面执行党在社会主义初级阶段的基本纲领的内容。四是在党的建设基本要求第四项坚持民主集中制中，增写牢固树立政治意识、大局意识、核心意识、看齐意识，坚定维护以习近平同志为核心的党中央权威和集中统一领导，加强和规范党内政治生活，增强党内政治生活的政治性、时代性、原则性、战斗性，发展积极健康的党内政治文化，营造风清气正的良好政治生态等内容。五是增写坚持从严管党治党的基本要求，将党的建设的基本要求从四项扩展为五项。作这样的修改，进一步明确了党的建设指导方针，使党的建设目标更加清晰、布局更加完善、要求更加全面，有利于全党以更加科学的思路、更加有效的举措推进党的建设，不断提高党的建设质量。

问：党章修正案在党的领导方面充实了哪些内容？

答：党章修正案将总纲原第二十八自然段第一句修改为：中国共产党的领导是中国特色社会主义最本质的特征，是中国特色社会主义制度的最大优势。党政军民学，东西南北中，党是领导一切的。作这样的修改，更加明确了党在中国特色社会主义各项事业中的领导地位，有利于强化党的领导，确保党的事业始终沿着正确方向前进。

问：党章修正案对党员队伍建设和党的干部工作提出了哪些新要求？

答：根据新时代新要求，党章修正案对党员义务进行了完善，增写认真学习习近平新时代中国特色社会主义思想，自觉遵守党的政治纪律和政治规矩，勇于揭露和纠正违反党的原则的言行，带头实践社会主义核心价值观，弘扬中华民族传统美德等内容。

为从源头上保证党员队伍质量，党章修正案强调发展党员必须把政治标准放在首位。作这样的充实，对于建设一支政治合格、品德合格、执行纪律合格、发挥作用合格的党员队伍具有重要意义。

党章修正案与总纲关于党的指导思想表述的修改相衔接，将原第三十四条第一项修改为：具有履行职责所需要的马克思列宁主义、毛泽东思想、邓小平理论、"三个代表"重要思想、科学发展观的水平，带头贯彻落实习近平新时代中国特色社会主义思想，努力用马克思主义的立场、观点、方法分析和解决实际问题，坚持讲学习、讲政治、讲正气，经得起各种风浪的考验。同时，将要做到忠诚干净担当，坚持事业为上、公道正派，党的各级领导干部必须信念坚定、为民服务、勤政务实、敢于担当、清正廉洁，反对形式主义、官僚主义、享乐主义和奢靡之风等内容写入相关条款。

问：党章修正案对党的组织制度作出了哪些调整完善，对各级党组织提出了哪些新要求？

答：党的十八大以来，党的组织建设的体制机制不断健全，党建工作的制度化、规范化、科学化水平不断提高，取得许多重要的实践成果和制度成果。党章修正案吸收这些成果,对党的组织制度、党的中央组织、党的地方组织、党的基层组织四章部分条文进行了充实和完善。

在党的组织制度一章,将原第十三条第四款巡视制度拓展为第十四条,增写实现巡视全覆盖,开展中央单位巡视、市县巡察等内容。这是对巡视工作5年来实践经验的总结和运用,有利于落实党内监督的战略性制度安排,为推动巡视工作向纵深发展提供制度保障。

在党的中央组织一章,将原第十九条党的全国代表大会的职权第二项听取和审查中央纪律检查委员会的报告修改为审查中央纪律检查委员会的报告。在原第二十二条第五款中,增写中央军事委员会实行主席负责制的内容,把这一领导体制在党章中确立下来,有利于把党对军队的绝对领导落到实处。为进一步推动落实中央军委管党治党责任,加强军队中党的作用和政治工作,将原第二十三条第二、第三句修改为中央军事委员会负责军队中党的工作和政治工作,对军队中党的组织体制和机构作出规定。

在党的地方组织一章,将原第二十五条党的地方各级代表大会的职权第二项听取和审查同级纪律检查委员会的报告修改为审查同级纪律检查委员会的报告。

在党的基层组织一章,回应基层呼声,着眼于增强基层党组织领导班子稳定性和工作连续性,将原第三十条中总支部委员会、支部委员会每届任期两年或三年调整为每届任期三年至五年。适应党的指导思想的与时俱进,充实党的基层组织的基本任务,将认真学习习近平新时代中国特色社会主义思想,推进"两学一做"学习教育常态化制度化,坚定理想信念等内容写入相关条款。根据习近平总书记在全国国有企业党的建设工作会议上的重要讲话精神,明确国有企业党组织地位和作用,将原第三十二条第二款第一句修改表述为:国有企业党委(党组)发挥领导作用,把方向、管大局、保落实,依照规定讨论和决定企业重大事项。适应社会组织发展趋势,增写一款规定社会组织中党的基层组织功能定位和职责任务的内容。增写一条规定党支部地位和作用的内容,表述为:党支部是党的基础组织,担负直接教育党员、管理党员、监督党员和组织群众、宣传群众、凝聚群众、服务群众的职责。增写这一条,对于加强党支部建设、充分发挥党支部战斗堡垒作用具有重要意义。

问:党章修正案对党的纪律、党的纪律检查机关两章作了哪些调整和完善?

答:党章修正案吸收近几年党的纪律建设和纪检体制改革的新成果,对党的纪律、党的纪律检查机关两章进行了调整和充实。在党的纪律一章原第三十八条第一款之前增写一款,明确党的纪律主要包括政治纪律、组织纪律、廉洁纪律、群众纪律、工作纪律、生活纪律。同时,将原第三十八条第一、第二款合并充实后作为第二款,表述为:坚持惩前毖后、治病救人,执纪必严、违纪必究,抓早抓小、防微杜渐,按照错误性质和情节轻重,给以批评教育直至纪律处分。运用监督执纪"四种形态",让"红红脸、出出汗"成为常态,党纪处分、组织调整成为管党治党的重要手段,严重违纪、严重触犯刑律的党员必须开除党籍。党的十八大以来,各级党委、纪委把纪律挺在前面,强化日常管理监督,发现问题及时处理,给以警告或严重警告处分已经成为执纪工作的大多数,有效防止了党员干部在错误的道路上越滑越远。这次修改党章,在原第四十条中补充给以中央和地方各级党委委员、候补委员党纪轻处分的程序规定。充实这些内容,规范了给以党纪轻处分的权限,填补了纪律处分程序的空白。

在党的纪律检查机关一章,总结5年来管党治党的实践经验,顺应全面从严治党要求,重点完善了纪检机关双重领导体制、全面派驻机制的内容;进一步明确纪检机关的职责定位,将党的各级纪律检查委员会是党内监督专责机关,协助党的委员会推进全面从严治党,职责是监督、执纪、问责等内容写入相关条款;完善各级纪委对同级党委委员进行执纪审查的程序规定。

问:党章修正案还调整和充实了哪些内容?

答:党章修正案根据党的十八大以来习近平总书记关于国防和军队建设、民族工作、统一战线和外交工作的重要思想观点,对相关部分作了修改。一是在总纲原第十九自然段将中国共产党坚持对人民解放军和其他人民武装力量的领导中的领导修改为绝对领导,增写贯彻习近平强军思想,坚持政治建军、改革强军、科技兴军、依法治军,建设一支听党指挥、能打胜仗、作风优良的人民军队，切实保证人民解放军有效履行新时代军队使命任务的内容。二是在总纲原第二十自然段增写铸牢中华民族共同体意识的内容。三是在总纲原第二十一自然段将致力于中华民族伟大复兴的爱国者纳入爱国统一战线的范畴。四是在总纲原第二十二自然段增写坚持正确义利观，推动构建人类命运共同体，遵循共商共建共享原则，推进"一带一路"建设等内容。此外，根据党组工作的实践需要和党中央关于落实管党治党主体责任的要求，在第九章原第四十六条中明确党组履行全面从严治党责任、领导机关和直属单位党组织的工作，并赋予其发展党员和处分党员等职责权限。

问：请介绍一下，对各级党组织和广大党员关于党章修改的意见和建议是怎么处理的？

答：这次修改党章，充分采纳了各地区各部门党组织和广大党员对党章提出的修改意见和建议。有些意见和建议虽然党章修正案没有采纳，但主要精神已经体现在党的十九大报告中；有些意见和建议还需要在实践中进一步研究和探索；有些具体意见和建议，则可以在其他党内法规中体现。

（新华社北京10月28日电）

《人民日报》（2017年10月29日05版）

肩负历史重任　开创复兴伟业

——新一届中共中央委员会和中共中央纪律检查委员会诞生记

新华社记者　赵　承　霍小光　张晓松　罗争光

在实现梦想的远征中,开启了崭新的又一程——

2017年10月24日,2300多名党的十九大代表和特邀代表,以无记名投票方式,选举出由376名中央委员、候补中央委员组成的中国共产党第十九届中央委员会和133名中央纪委委员组成的第十九届中央纪律检查委员会。

这是8900多万名党员的重托,这是13亿多人民的期待。

肩负继往开来的历史使命,新一届中央领导集体将团结带领全党全军全国各族人民,决胜全面建成小康社会,夺取新时代中国特色社会主义伟大胜利。

面向未来,勇担重任——以习近平同志为核心的党中央为十九届"两委"人事准备工作指明正确方向

纵观中华民族百年复兴史,紧要关头往往就是几步。

今天，我们正站在这样一个新的历史起点上——

未来5年，是"两个一百年"奋斗目标的历史交汇期。既要全面建成小康社会、实现第一个百年奋斗目标，又要乘势而上开启全面建设社会主义现代化国家新征程，向第二个百年奋斗目标进军。

梦想就在前方，前路并不平坦。

展望未来，新时代坚持和发展中国特色社会主义伟大事业仍然是一项长期而艰巨的历史任务，仍然必须进行具有许多新的历史特点的伟大斗争，仍然要"爬雪山""过草地"。

放眼世界，我们正处于百年不遇的大变局之中，国际局势风云变幻，国际力量对比发生新的变化，世界经济进入深度调整，外部环境错综复杂。

"面对新形势新任务，我们党要做到'任凭风浪起，稳坐钓鱼船'，必须有一个坚强的中央领导集体。"习近平总书记的话语坚强有力。

办好中国的事情，关键在党，关键在人。

以习近平同志为核心的党中央把握时代脉搏、放眼民族未来，高度重视十九届"两委"人事准备工作，作出一系列重大部署。

2016年2月，中央政治局常委会会议专门研究十九大有关人事准备工作，决定成立十九大干部考察领导小组，习近平总书记亲自担任组长。

一年多来，习近平总书记先后3次出席省区市和中央单位党委（党组）主要负责同志会议并作重要讲话，对十九届"两委"人选考察工作进行动员部署，提出明确要求；多次听取考察组情况汇报，对相关工作作出重要指示。

改进干部工作、选好用好干部、加强班子建设……习近平总书记全方位深刻阐释了十九届"两委"人选考察工作的重要意义，提出一系列新理念新思想新论断，从根本上保证了十九大有关人事准备工作的正确方向。

在此基础上，2016年6月，中央政治局常委会、中央政治局会议审议通过了《关于认真做好十九届"两委"人事准备工作的意见》，对十九届"两委"的总体要求和人选条件、结构等，提出了明确意见。

三个"着眼于"展现出党中央筹划新一届"两委"人事准备工作的宏阔格局——

着眼于贯彻落实创新、协调、绿色、开放、共享发展理念，全面建成小康社会，推进国家治理体系和治理能力现代化，不断推动中国特色社会主义事业向前发展；

着眼于提高党的执政能力、保持和发展党的先进性，加强中央委员会建设，以改革创新精神全面推进党的建设新的伟大工程，不断巩固党的执政地位；

着眼于党的事业后继有人、兴旺发达，确保党和国家的长治久安。

党中央强调，必须坚持党的性质，坚持党的领导核心地位，坚持政治家集团标准，坚持干部队伍"四化"方针，坚持德才兼备、以德为先,坚持信念坚定、为民服务、勤政务实、敢于担当、清正廉洁的好干部标准。必须严格按照党章规定,坚持民主集中制原则,充分发扬党内民主,走群众路线,进一步提高民主质量和实效。必须坚持继承和创新相结合,既充分借鉴近几届"两委"人事准备工作的经验,又体现与时俱进,坚持目标导向、问题导向,不断改进完善;坚持通盘考虑,统筹安排,周密部署,精心组织。

党中央明确提出,新一届中央委员会肩负着带领全党和全国人民全面建成小康社会的使命,应当是:

——用马克思列宁主义、毛泽东思想、邓小平理论、"三个代表"重要思想和科学发展观武装起来,深入贯彻习近平总书记系列重要讲话精神和党中央治国理政新理念新思想新战略,牢固树立政治意识、大局意识、核心意识、看齐意识,坚决贯彻党的理论和路线方针政策,坚定不移地走中国特色社会主义道路,全心全意为人民服务的政治家集团;

——团结统一、锐意进取,奋发有为、求实创新,作风优良、清正廉洁,全党全国各族人民信赖和拥护的政治家集团;

——走在时代前列,能够驾驭复杂局面,善于应对各种挑战和斗争,善于治党治国治军,不断推动中国特色社会主义事业向前发展的政治家集团。

党中央对新一届中央纪律检查委员会同样寄予厚望——

理想信念坚定,坚决贯彻执行党的路线方针政策,坚定执行和忠实捍卫党章;善于从全局上把握党风廉政建设和反腐败工作；党性坚强，公道正派，敢于坚持原则，勇于同党内各种违反党章党规党纪行为和不正之风作坚决斗争。

按照上述总体要求，党中央提出，新一届中委、候补中委人选要按照马克思主义政治家标准来衡量，对其素质要求强调了"五个带头"——

带头坚持马克思列宁主义、毛泽东思想、邓小平理论、"三个代表"重要思想和科学发展观，深入贯彻落实习近平总书记系列重要讲话精神和党中央治国理政新理念新思想新战略，有共产主义远大理想，有较高的马列主义理论素养，坚定中国特色社会主义道路自信、理论自信、制度自信、文化自信，具有很强的政治意识、大局意识、核心意识、看齐意识，对党忠诚，坚决同以习近平同志为核心的党中央保持高度一致，在政治上清醒坚定、在重大问题上旗帜鲜明、在关键时刻和重大事件中经得起风浪考验；

带头树立和落实新发展理念，统筹推进"五位一体"总体布局和协调推进"四个全面"战略布局，具有破解改革攻坚难题、应对各种风险的能力，有较高的专业水平、丰富的实践经验和群众工作本领，能够担当重任；

带头坚持原则、敢于担当，善于学习、思想解放，锐意改革、开拓创新，求真务实、积极作为，有强烈的革命事业心，在工作岗位上做出经得起实践、人民、历史检验的实绩；

带头尊崇党章，坚持民主集中制，公道正派，心胸宽广，善于团结共事，包括团结同自己有不同意见的同志一道工作。

发扬党的优良作风，自觉践行"三严三实"，密切联系群众，全心全意为人民服务；

带头严守党的纪律，遵守廉洁自律准则，清正廉洁，在党内外有较高威信。

党中央还提出，新一届中央纪委委员人选的素质要求应特别强调——

政治坚定，对党忠诚。坚持围绕中心、服务大局，认真贯彻党要管党、从严治党方针，忠实履行党章赋予的职责，坚决维护党章和其他党内法规，坚持原则、敢于担当、恪尽职守、实事求是，坚决同各种违反党章党规党纪行为和腐败现象作斗争；

政策水平高，纪律观念强。全面正确地执行党的各项方针政策，有党务工作经验，能够负责地开展执纪监督和承办党纪案件，带头维护党中央权威和党的纪律的严肃性，切实维护党员的民主权利和人民群众的利益；

带头遵守廉洁自律准则，严以律己、公道正派、清正廉洁，在党内外有较高威信。

2016年7月，十九大干部考察领导小组审议通过了《十九届"两委"人选考察工作总体方案》，对提名名额分配、考察方法步骤以及组织实施等作出具体安排。

按照中央统一部署，2016年7月至2017年6月，十九大干部考察领导小组先后组建46个考察组，分批对31个省区市和124个中央和国家机关、中央金融企业、在京中央企业等单位进行了考察。中央军委也派出10个考察组,对全军29个大单位和军委机关战区级部门进行了考察。

"两委"人选的推荐、考察、提名,严格按照中央规定的程序和方法进行,总体上经过"综合分析研究,确定考察单位""谈话调研和推荐,确定考察对象""深入考察,提出遴选对象""听取考察组汇报,提出建议名单"4个大的步骤,全面考察干部的德、能、勤、绩、廉。

十九大干部考察领导小组先后召开7次会议,中央政治局常委会先后召开6次会议,逐一听取各考察组的汇报,研究提出了十九届"两委"候选人预备人选建议名单。

树高标准,立严要求——把政治标准放在首位,对廉洁问题"零容忍",严把政治关和廉洁关

选人用人,标准是关键。

党的十八大以来,党中央坚持德才兼备、以德为先,坚持五湖四海、任人唯贤,坚持事业为上、公道正派,进一步明确了正确的用人导向和好干部标准:

各级领导干部要忠诚、干净、担当,特别是高级领导干部首先要做到对党忠诚;中央委员会成员要带头做到把握大局、带头坚持民主集中制、带头发扬党的优良作风、带头遵守廉政规则、带头加强学习……

肩负新的使命,领航伟大复兴,未来的中国需要一个怎样的政治家集团?

习近平总书记明确指出,完成党和人民事业发展的繁重任务,需要选拔一批政治强、懂专业、善治理、敢担当、作风正的领导骨干。

选拔这样一批领导骨干,必须坚持把政治标准放在首位,对政治上不过关的"一票否决"——

政治问题,任何时候都是根本性的大问题。

为使政治素质的考察由虚变实,考察组坚持用《关于新形势下党内政治生活的若干准则》作为衡量人选的政治标准,用"四个意识"来检验人选的政治素质,深入考察人选的政治立场、政治定力和遵守政治纪律、政治规矩的情况。

不能同党中央保持高度一致、自觉维护党中央权威和集中统一领导的,一票否决;对党中央决策部署态度暧昧甚至心怀不满、另搞一套的,一票否决;骨头不硬、见风使舵、爱惜羽毛、当所谓"开明绅士"、不敢担当的,一票否决……

不少同志反映,这次考察划出了"红线"和"硬杠杠","政治关"把得紧、把得实,凡是政治上靠不住的,不仅没有被选上来,而且还被坚决调整下去。

与此同时,那些在大是大非面前立场坚定的干部,那些政治可靠、敢于担当的干部,那些强力推动本单位改革事业的干部,脱颖而出,进入"两委"人选考察范围。

选拔这样一批领导骨干,必须坚持对廉洁问题"零容忍",防止"带病提名""带病当选"——

严把人选廉洁关,确保新一届中央领导集体的纯洁性,成为十九届"两委"人选考察工作一项铁的原则。

对每个人选都做到干部档案必审、个人事项报告必核、纪检监察机关意见必听、线索具体具有可查性信访举报必查；对巡视、审计反映的情况，受党纪政纪处分情况等，深入分析、作出评判；对干部"8小时外"情况延伸了解……一道道关口，使廉政考察"硬"起来。

对考察中发现的疑点和了解到的线索，考察组认真核查，不放过任何一个问题和疑点。

有人反映一名干部移栽古树到自家院落，考察组立即派人暗中实地查看；有人反映一名干部打电话为其领导拉票，考察组专门与当事人谈话，并请省委及组织部通过其他途径从多方面进行核实……

在"放大镜"下，一些有"硬伤"的干部被排查出来。

在某地，考察组了解到两名呼声较高的干部涉及廉政问题后，坚决将其排除在会议推荐参考名单外。考察结束后，这两名干部因涉嫌职务犯罪被立案侦查。

选拔这样一批领导骨干，必须坚持事业为上、以事择人，在人选把关上做到实事求是——

选人用人，为的是干事创业。

习近平总书记强调，要注重干部实际工作能力，重视那些在基层扎实历练、在吃劲岗位和艰苦地区经受磨练、干出突出工作成绩、完成急难险重任务的干部，重视那些锐意进取、敢于担当的改革实干家，重视那些具有专业思维、专业素养、专业方法、有本事、善治理的行家里手。

某地一名女干部，原被列为考察对象，但通过深入考察和综合研判，考察组感到其能力素质离"两委"人选要求有一定差距。经慎重考虑，并与地方党委主要领导反复沟通，最终没有将其列入，而是将一名政治素质好、长期在艰苦地区、成绩比较突出的干部列入名单。

坚持实事求是、以事择人，不仅革除了唯结构、唯比例的旧观念，而且带来了重人才、重专业的新变化。

在中央和国家机关有关单位，考察组按照"政治家＋专门家"的要求考察人选，既看其是否熟悉综合管理、善于驾驭全局，又看其是否具有较高知识层次和专业素养，是否在关键时刻具备一锤定音的专业决断。

政治上立不住的，不列入考察；廉洁上有瑕疵的，不列入考察；能力上不突出的，不列入考察。

坚持差额考察、差额遴选、好中选优，综合考虑人选条件和提名名额、结构等情况，有152名考察对象没有列为遴选对象。

大家反映，与以往相比，这次考察标准更高、把关更严、效果更好，不仅保证了十九届"两委"人选的质量，也为今后选人用人立起了标杆，为干部成长指明了方向。

不搞"大会海推""划票打勾"——把坚持党的领导同充分发扬民主有机结合起来，实现有质量、讲实效的民主

2016年8月初，某省一名干部接到通知参加十九届"两委"人选考察推荐。

根据以往经验,这名干部准备过去"开个会、投个票"了事。不曾想,考察组既没有开大会也没有搞投票,而是采取了与其谈话的方式。更出乎意料的是,谈话不只是推荐一下人选、发表几句看法,而是"非常深入,不定调子、也不限时间,问得非常细、非常耐心,前后有两三个小时"。

不搞"大会海推""划票打勾",代之以深入的谈话调研,这一变化集中体现了十九届"两委"人事准备工作的理念创新。

据一位多次参加"两委"人选考察工作的同志介绍,以往考察工作第一步是召开省区市党委全委(扩大)会议,进行投票推荐。这种"大会海推""划票打勾"的办法选干部,由于信息不对称,很多人投关系票、人情票,选出来的不一定都是最优秀的干部,而且带来拉票、贿选等诸多弊端,甚至催生出"期权""期货"交易。这样的民主变了味,走偏了方向。干部不负责任,党组织卸掉了责任,党的领导被弱化。

针对这一问题,2014年党中央修订印发《党政领导干部选拔任用工作条例》,重新定位了民主推荐的功能作用:不是不要票,而是不"唯票"。

"我们要发扬民主,但不能让选票把党管干部原则架空了。"十九届"两委"人事准备工作启动后,习近平总书记明确提出,不搞"大会海推""划票打勾",选人用人,党组织必须加强领导、把好关。

根据中央要求,考察组把坚持党的领导和充分发扬民主结合起来，在考察工作全过程充分发挥党组织的把关作用。

坚持党的领导和充分发扬民主相结合，体现在推荐方式的改进上——先进行谈话调研、听取意见，提出参考名单后，再进行会议推荐。

一位干部反映，动辄几百人"大呼隆"的投票场面不见了，但谈话范围扩大了，谈话内容深入了。考察组找他们面对面谈话，广泛深入听取意见，"这是真名实姓、实名推荐，参加谈话的比过去参加会议推荐的人数还要多"。

"干部心态很平静，领导身边很清静，社会反映很安静。"一名在地方工作多年的干部反映，以往考察组一来就开推荐大会，搞得满城风雨，搞得一些干部心浮气躁。这次要不是参加谈话，还不知道考察组在这里开展工作。

坚持党的领导和充分发扬民主相结合，体现在谈话方式的改进上——谈话从考察的一个环节拓展到全过程，谈话的针对性、实效性和灵活性也更强了。

不搞"大会海推""划票打勾"，不是不要民主，而是要将民主的真实性、有效性充分发挥出来，进一步提升党内民主的质量和实效。

据统计，考察组平均每个省谈话1500多人次，比过去参加会议推荐的人数大大增加。每次谈话作用也不尽相同，有的重在举荐聚焦，有的重在比较遴选，有的重在深入评价，有的重在具体研判。

一位老同志说，延安时期，党组织为了解干部情况，晚上提着马灯翻山越岭找干部谈话,一谈就是一宿。改革开放初期,正是用人之际,很多时候,组织上也是一整天一整天找干部谈话。"今天,党的优良传统又回来了。"

坚持党的领导和充分发扬民主相结合,还体现在党内民主与集中的有机统一上——选人过程中既要充分发扬民主,也要重视民主基础上的集中。

考察组在充分听取意见基础上提出的会议推荐参考名单,需要上报十九大干部考察领导小组同意,这是第一次民主基础上的集中;会议推荐后,考察组还要将考察对象初步人选再次上报审批,这是进一步的集中。

通过这样的方法步骤,不仅符合"民主基础上的集中与集中指导下的民主相结合"的本质要求,也有利于把党组织的领导和把关作用落到实处,得到广大干部群众赞同和拥护。

在对某省一名干部进行考察时,有同志对其工作方式持有不同看法。

考察组不唯票、不武断,深入调查发现,这名干部个性强、不怕得罪人,一举关停1100多家污染小企业、小作坊,引起一些既得利益人士的非议,却得到了广大干部群众的认可。

"如果按过去先进行投票推荐,这名干部可能就被挡在考察视线之外了。"考察组负责人事后说。

既回归本真又改革创新,既充满智慧又深得人心,大家普遍反映,考察工作认真贯彻党中央新理念新要求和习近平总书记重要指示精神，充分吸收十八大以来干部工作的新鲜经验，是民主质量的提升、是选人质量的提升。

精准选人，科学用人——大力创新考察方式方法，把党和人民事业需要的好干部选出来

习近平总书记多次强调，要改进考察工作的理念思路、程序步骤、方式方法，做到考准考实干部、用对用好干部。

如何考准考实？总书记指出，一要深入细致，多渠道、多层次、多侧面了解情况；二要全面辩证，既知人之长、知人之短，也知人长中之短、知人短中之长；三要看事业需要，把事业需要、岗位要求同促进干部成长、调动各方积极性结合起来。

认真贯彻落实习近平总书记重要指示精神，十九大干部考察领导小组和各考察组瞄准精准科学选人用人的目标，积极探索、成功实践了一系列新方法新举措。

——创新考察方式，既深入谈话，又实地察看。

考察的目的是听实话、察实情。考察组聚焦这一目标要求，坚持走群众路线，千方百计改进考察方式。

谈话前做好准备工作，精心设计问题，找准谈话的切入点和着力点；谈话中不限时间，有的一谈就是两三个小时，有的白天没谈完晚上接着谈；遇到思想上有顾虑的，放下笔记本、关上电脑，营造宽松环境……

作为谈话的补充，考察组十分注重实地考察、拓展延伸，

采取明察暗访方式,深入了解人选的真实情况:

打车去城市街区、商铺、公园广场,观市容市貌、听街谈巷议、看重点项目;深入农村、走进贫困户察看脱贫攻坚和美丽乡村建设情况;登门听取老同志意见……

大家反映,这次考察谈话从从容容、踏踏实实,考察组问得很细、很实,自己有责任讲真话、讲心里话。

——改进考察材料,从"拍照片"到"录视频"。

考察材料是考察成果的体现,也是考察工作水平的展示。

为达到"表达更精准、内容更具体、语言更平实、特点更鲜明"的要求,各考察组纷纷拿出了"绣花"功夫。

有的抓住人选关键信息、个性化特征,准确概括其特点,着力刻画其形象;有的用事实说话,干部的德才表现更加真实具体,有血有肉。

听取考察组汇报时,有的领导同志评价道:"画得像、画得准,看了考察材料如见其人。"

——强化分析研判,透过现象看本质。

党中央明确提出,十九届"两委"人选考察工作要注重观察干部的综合表现,既看业务发展,又看党建工作;既看工作结果,又看主观努力;既看现实情况,又看发展趋势;既看领导班子整体,又看干部个人表现;注重在比较中识别干部,从政治素质、工作经历、专业素养、道德品行以及整个班子的相容性和匹配度等方面进行比较分析。

各考察组坚持"交换、比较、反复",深入分析研判,对干部作出客观公正的评价。

在对一名人选进行考察时，有同志觉得这名干部工作经历丰富，特点不好把握。经过集体分析，考察组认为，这名干部任市委书记时注重抓农村脱贫、农民增收；任政府副职后，仍然盯住脱贫攻坚，接着原来的思路干，而且干出了成效，说明他有韧劲，有"钉钉子"精神。

对一名考察对象，考察组听到了一些不同的声音。本着对干部负责的原则，考察组一方面多方求证，一方面多次研究，逐渐对其有了更形象更直观更深入的认识，弄清了一些同志对他有不同看法的原因，得出了这名干部存在的是工作方法问题而非原则问题的结论。

这次考察工作既是对党内政治生态的一次检验，也是对全体党员纪律意识、规矩意识的一次历练。

鉴于此前发生的辽宁等地拉票贿选、破坏选举案，习近平总书记明确要求，十九届"两委"人选考察工作，要以最坚决态度、最果断措施，确保风清气正，推动形成良好政治生态。

各考察组严格执行中央各项纪律要求，建立健全制度，让"规矩无所不贯"；坚决克服抹不开情面的心态，严肃处理那些打"擦边球"、穿"隐身衣"、搞"变脸术"等形形色色的违规违纪违法行为。

千挑万选，千锤百炼。

经过精准科学的深入考察、比较择优，十九大干部考察领导小组研究提出了十九届"两委"人选遴选对象。2017年9月25日,中央政治局常委会统筹考虑,研究提出"两委"候选人预备人选建议名单。9月29日,习近平总书记主持召开中央政治局会议,审议通过了"两委"候选人预备人选建议名单,并决定提交党的第十九次全国代表大会选举。

领航中国,继往开来——新一届中央领导集体素质优良、结构合理,值得全党全军全国各族人民信赖

治国之要,首在用人。

领航民族复兴伟业的中国共产党,再一次选出堪当重任的政治家集团。

2017年10月20日,党的十九大主席团举行第二次会议。受十八届中央政治局委托,刘云山就十九届中央委员会委员、候补委员和中央纪律检查委员会委员候选人预备人选建议名单作说明。大会主席团会议经过表决,通过了十八届中央政治局提出的建议名单,提交全体代表酝酿。

大会期间,出席党的十九大的代表和特邀代表严肃审议人选建议名单,认真参加酝酿讨论,体现了对党和人民高度负责的精神。

代表们普遍认为,"两委"人选的提名,坚持民主集中制原则,坚持党的领导和发扬民主相结合,充分凝聚了全党的意愿,具有广泛和坚实的民意基础。

代表们高度评价这份建议名单,认为这是一个考虑周全、

比较成熟的方案，预备人选整体素质优秀，结构科学合理，特别是充实了一批具有很强的政治意识、大局意识、核心意识、看齐意识，坚定推动和实践党中央治国理政新理念新思想新战略，在工作岗位上做出突出成绩，自觉弘扬党的优良传统和作风，忠诚、干净、担当，在干部群众中有较高威信的优秀干部，体现了我们党的广泛凝聚力和坚强战斗力。

伟大的事业需要一代代共产党人前赴后继、不懈奋斗。代表们指出，十八届中央委员会和中央纪律检查委员会许多同志，以党和人民的事业为重，从中央委员会和中央纪律检查委员会退下来，表现了共产党人的高风亮节。代表们向他们表示崇高敬意。

大会期间，各代表团以差额选举方式对"两委"人选进行预选。提名十九届中央委员候选人222名，差额18名，当选204名，差额比例为8.8%。提名候补中央委员候选人189名，差额17名，当选172名，差额比例为9.9%。提名中央纪委委员候选人144名，差额11名，当选133名，差额比例为8.3%。

10月22日晚和23日上午，大会主席团第三次和第四次会议通过了经预选产生的"两委"候选人名单。

候选人名单中，十八届中央委员会组成人员中继续提名132名，占35.1%；新提名244名，占64.9%。十八届中央纪律检查委员会组成人员中继续提名10名，占7.5%；新提名123名，占92.5%。

10月24日上午,人民大会堂大礼堂内,气氛庄重热烈。在习近平主持下,大会举行正式选举。经过发放选票、填写选票和投票、计票,出席大会的2300多名代表和特邀代表选举产生了新一届中央委员会和中央纪律检查委员会。

雷鸣般的掌声,在万人大礼堂久久回荡!

这是对新一届中央领导集体的祝贺与赞许,更是对新一届中央领导集体开创复兴伟业的信心与期望。

从新一届中央委员会组成人员看,主体为省部级和军队战区职以上领导骨干,也有一些地市级和军队军级领导干部以及金融企业、国有重要骨干企业、高等院校、科研单位的领导人员,还有工人、农民中的优秀代表和解放军英模代表,专家、学者和各条战线的优秀代表。

新一届中央委员会组成人员平均年龄57岁,女干部30名,少数民族干部38名;具有大学以上学历的占98.1%,有高级专业技术职务的占43.9%,中国科学院院士、中国工程院院士25名。

从新一届中央纪律检查委员会组成人员看,主体是省区市纪委书记、中央纪委派驻纪检组组长等纪检战线的领导同志,还有有关方面和单位的负责同志。

代表们一致表示,新一届中央委员会和中央纪律检查委员会,集中了各地区、各部门、各条战线、各个行业党的执政骨干和优秀代表,整体素质优良、结构比较合理、分布比较均衡,是一个符合中央要求和干部群众期待,适应新时代中国特色社会主义事业发展需要，朝气蓬勃、奋发有为、团结统一、值得信赖的中央领导集体。

中国共产党人的纯洁性、先进性薪火相传，领导力、号召力生生不息。

站在新的历史起点上，新一届中央领导集体，必将继续团结带领全党全军全国各族人民，坚持以习近平新时代中国特色社会主义思想为指导，统筹推进"五位一体"总体布局，协调推进"四个全面"战略布局，向着实现"两个一百年"奋斗目标和中华民族伟大复兴的中国梦继续前进！

（新华社北京10月24日电）

《人民日报》（2017年10月25日04版）

领航新时代的坚强领导集体

——党的新一届中央领导机构产生纪实

新华社记者 赵承 霍小光 张晓松 罗争光

在决胜全面建成小康社会、夺取新时代中国特色社会主义伟大胜利的征程上,这一刻无疑具有标志性的历史意义——2017年10月25日上午,北京人民大会堂。

党的十九届一中全会选举产生了25人组成的十九届中央政治局,选举习近平、李克强、栗战书、汪洋、王沪宁、赵乐际、韩正为中央政治局常委,选举习近平为中央委员会总书记;通过了中央书记处成员;决定了中央军事委员会组成人员;批准了十九届中央纪委一次全会选举产生的领导机构。

这是8900多万名党员的领路人,这是13亿多人民的主心骨。

不忘初心,继续前进!以习近平同志为核心的新一届党中央领航中国,扬帆再出发。

万山磅礴看主峰

——在强国强军新征程上,在民族复兴关键当口,确立习近平总书记为党中央和全党的核心,确立习近平新时代中国特色社会主义思想为党的指导思想,是党心所向、民心所向

一个波澜壮阔的年代,必定会有激荡人心的时刻。

一年前的金秋北京,党的十八届六中全会确立了习近平总书记在党中央和全党的核心地位,人民大会堂雷鸣般的掌声音犹在耳。

这是全党同志发自内心的崇敬爱戴,这是亿万人民追求梦想的情感认同。

党的十八大以来,以习近平同志为核心的党中央迎难而上,开拓进取,取得了改革开放和社会主义现代化建设的历史性成就,推动党和国家事业发生了历史性变革:

经济建设取得重大成就,全面深化改革取得重大突破,民主法治建设迈出重大步伐,思想文化建设取得重大进展,人民生活不断改善,生态文明建设成效显著,强军兴军开创新局面,港澳台工作取得新进展,全方位外交布局深入展开,全面从严治党成效卓著……

5年来的成就是全方位的、开创性的,5年来的变革是深层次的、根本性的。中国特色社会主义进入了新时代。

新的实践孕育着新的思想。在坚持马克思主义基本原理的基础上,以习近平同志为核心的党中央,创造性地坚持和

发展了科学社会主义，开辟了21世纪中国马克思主义发展的新境界，创立了习近平新时代中国特色社会主义思想。

办大事、解难题，挽狂澜、开新局。

进行伟大斗争、建设伟大工程、推进伟大事业、实现伟大梦想，一系列伟大实践和理论创新，倾注着中国共产党人的理想信念和人民情怀，彰显着党中央的政治勇气和责任担当，展现着习近平总书记的雄才伟略和领袖风范。习近平总书记励精图治、力挽狂澜，统筹内政外交国防，统领治党治国治军，为党和国家长治久安不畏艰险、殚精竭虑，赢得了党心、军心、民心，是新时代中国共产党当之无愧的坚强核心。

在选举党的十九大代表时，习近平同志全票当选。在选举十九届中央委员会委员时，习近平同志全票当选。在十九届一中全会选举新一届中央领导集体时，习近平同志再次全票当选中央委员会总书记。雷鸣般的掌声一次次响起，经久不息……

一张张选票代表党心民意、一次次掌声传递信任期望——有习近平总书记这个党的核心、军队统帅、人民领袖，是党之大幸、军之大幸、民之大幸！是实现"两个一百年"奋斗目标、实现中华民族伟大复兴的中国梦、实现人民对美好生活的向往的希望所在、力量所在、胜利所在！

以党的十九大胜利召开为标志，中国步入"两个一百年"奋斗目标的历史交汇期——

到2020年，既要全面建成小康社会、实现第一个百年奋斗目标，又要乘势而上开启全面建设社会主义现代化国家新征程，向第二个百年奋斗目标进军。

与此同时，国内外形势正在发生深刻复杂变化，我国发展仍处于重要战略机遇期，前景十分光明，挑战也十分严峻。迎难而上，进行具有许多新的历史特点的伟大斗争，走好新时代的长征路，党的领导至关重要，领导核心尤为重要。

沧海横流显砥柱，万山磅礴看主峰。

在这个承前启后的关键时期，全党全军全国各族人民都有一个共同期盼，就是希望选出一个好的中央领导集体，在习近平总书记领导下，持续巩固成果、攻坚克难、奋勇向前，谱写社会主义现代化新征程的壮丽篇章。

千秋伟业聚英才

——着眼于党的事业继往开来和国家长治久兴，以习近平同志为核心的党中央统筹谋划新一届中央领导机构人选酝酿提名工作

千秋大业，关键在人。治国之要，首在用人。

新的时代，呼唤新的坚强领导集体。

如何产生以习近平总书记为核心的新一届中央领导集体，领航中国继往开来，全党期待，全民关注，世界瞩目。

党章规定，党的中央政治局、中央政治局常务委员会和中央委员会总书记，由中央委员会全体会议选举。

根据这一规定，党的十九大要选举产生新一届中央委员

会,十九届一中全会要选举产生新一届中央领导机构。

对此,党中央高度重视。

习近平总书记指出,我们党是一个拥有8900多万名党员的大党,在一个十几亿人口的大国执政,肩膀上的担子重、责任大,必须组成一个政治坚定、团结统一、坚强有力、奋发有为的中央领导集体。

在以习近平同志为核心的党中央统筹谋划下,新一届中央领导机构人选的酝酿提名工作有序展开……

2017年从年初开始,习近平总书记就如何酝酿产生新一届中央领导机构人选问题,认真听取中央政治局常委同志的意见。

大家一致赞成,在总结党的十六大、十七大、十八大有关做法的基础上,借鉴十九届"两委"人选和省级党委换届考察工作的做法和经验,采取谈话调研的方式,就新一届中央政治局、常委会、书记处组成人选,中央军委组成人选以及需要统筹考虑的国务院领导成员人选和全国人大、全国政协党内新提拔人选等,在一定范围内面对面听取推荐意见和建议。

2017年4月24日,习近平总书记主持召开中央政治局常委会会议进行专门研究,讨论通过了《关于十九届中央领导机构人选酝酿工作谈话调研安排方案》。谈话调研和人选酝酿工作在习近平总书记直接领导下进行。主要遵循以下原则:

——着眼于统筹推进"五位一体"总体布局和协调推进"四个全面"战略布局,贯彻落实新发展理念,全面建成小康社会，不断推动新时代中国特色社会主义事业向前发展；着眼于提高党的领导水平和执政能力、保持和发展党的先进性和纯洁性，推进国家治理体系和治理能力现代化，巩固党的执政地位；着眼于党的事业后继有人、兴旺发达，确保党和国家长治久安。

——坚持政治家集团标准，坚持五湖四海、任人唯贤，坚持德才兼备、以德为先，坚持事业为上、公道正派，严把政治关和廉洁关，精准科学选人用人。

——进一步改进完善党和国家领导人产生机制，积极稳妥地推进党和国家高层领导的新老交替。

——坚持党管干部原则，贯彻民主集中制，充分发扬党内民主，提高民主质量和实效。谈话调研重在集思广益、统一认识，不限定推荐人数，人选推荐票数作为参考，不以票取人。根据干部条件、一贯表现和班子结构需要，研究提出新一届中央领导机构人选。

新一届中央军委组成人选方案，应突出强调坚持政治标准，聚焦备战打仗，优化结构布局，注重老中青梯次配备。

按照这些原则，中央提出了推荐人选应具备的条件：

——对党忠诚，信念坚定，牢固树立"四个意识"，坚定"四个自信"，坚决贯彻习近平新时代中国特色社会主义思想，与以习近平同志为核心的党中央保持高度一致，是合格的马克思主义政治家。

——领导能力强，实践经验丰富，有强烈的革命事业心，有改革创新和实事求是精神，敢于担当，有正确的政绩观，工作业绩突出。

——带头执行民主集中制，自觉维护以习近平同志为核心的党中央权威和集中统一领导，善于团结同志，公道正派，心胸宽广。

——具有共产党人的世界观、人生观、价值观，带头坚持原则，带头遵守党的纪律和规矩，作风过硬，清正廉洁，在党内外有较高威信和良好形象。

参照往届做法，根据党和国家事业发展需要和中央领导机构建设的实际，中央还对推荐人选的范围、年龄和结构提出明确要求。

大家一致认为，中央关于新一届中央领导机构人选酝酿工作的原则科学合理，推荐人选的标准条件清晰明确，推荐范围、年龄杠杠和结构要求符合实际，体现了党中央的远见卓识。

民主科学凝共识

——新一届中央领导机构人选的产生，采取了一系列新方式、新举措，体现了选人用人新机制、新导向，展示了党的新作风、新形象

2017年5月下旬，一位省部级领导干部接到通知，来京参加组织谈话。

谈话地点安排在中南海。一到候谈室，3份材料已经摆在桌上——《谈话调研有关安排》《现任党和国家领导人党

员同志名册》《正省部级党员领导干部名册》。

按照谈话调研工作程序,给参加谈话干部安排充分时间阅读材料,独立认真思考准备。

在此基础上,中央领导同志以面对面谈话的方式,听取了这位干部关于新一届中央领导机构人选的推荐意见。

"没有限定推荐人数,了解多少就谈多少,怎么想就怎么谈,实事求是,畅所欲言。"这位干部事后感慨,"作为一名在地方工作的同志,有机会、有资格对新一届中央领导机构人选发表意见、进行推荐,这是党中央对我的高度信任,充分体现了我们党的民主作风和宽广胸怀,体现了我们党善于集中全党智慧的优良传统。"

用个别谈话调研的形式,在一定范围内面对面听取对中央领导机构人选的推荐意见和有关建议,这是十九届中央领导机构人选酝酿提名工作的重大创新。

这一重大创新,体现在借鉴历史经验、探索选人用人新方式新举措上——

在党和国家高层领导人选产生方面,我们党有着优良传统,不断进行积极探索,有经验也有教训。党的十七大、十八大探索采取了会议推荐的方式,但由于过度强调票的分量,带来了一些弊端:有的同志在会议推荐过程中简单"划票打勾",导致投票随意、民意失真,甚至投关系票、人情票。中央已经查处的周永康、孙政才、令计划等就曾利用会议推荐搞拉票贿选等非组织活动。

坚持问题导向，中央对新一届中央领导机构人选的产生方式进行创新和改进，强调坚持民主方向、改进民主方法、提高民主质量，决定在对十九届"两委"委员人选深入考察、严格把关基础上，通过谈话调研、听取意见、反复酝酿、会议决定等程序逐步酝酿产生中央领导机构人选。

从2017年4月下旬至6月，习近平总书记专门安排时间，分别与现任党和国家领导同志、中央军委委员、党内老同志谈话，充分听取意见，前后谈了57人。

根据中央政治局常委会的安排，中央相关领导同志分别听取了正省部级、军队正战区职党员主要负责同志和其他十八届中央委员共258人的意见。中央军委负责同志分别听取了现任正战区职领导同志和军委机关战区级部门主要负责同志共32人的意见。

这种采取个别谈话调研、面对面听取意见建议的方式，得到了参加谈话同志的一致赞誉。大家普遍感到，方案考虑周全，工作安排细致，程序设计周密，纪律要求严格，这样反映出的意见更全面、更真实、更准确。

这一重大创新，体现在坚持以事择人、形成组织工作新机制新导向上——

在谈话推荐工作中，中央明确了推荐人选的条件，坚持以马克思主义政治家集团标准选人，注重知行合一；坚持事业为上、任人唯贤，注重工作能力与实践经验；坚持严把人选廉洁关和作风关，注重形象口碑。

严格标准、事业为上，参加谈话的同志对此高度评价、一致赞同。

大家认为，党和国家领导职务也不是"铁椅子""铁帽子"，符合年龄的也不一定当然继续提名，主要根据人选政治表现、廉洁情况和事业需要，能留能转、能上能下。

大家反映，十九届中央领导机构人选的产生，健全了科学的用人机制，对进一步形成良好的党内政治生态、增强干部选任的科学性和公信力具有深远意义。

许多同志说，这次在这么大范围内就党和国家高层人事安排问题广泛听取意见，是新形势下充分发扬党内民主的有效方式，是改进和完善党和国家领导人产生机制的成功实践，倡导了新的正确用人导向。

这一重大创新，体现在坚持风清气正、再塑党的新作风新形象上——

肩负光荣的政治使命和沉甸甸的政治责任，本着对党和国家事业高度负责的态度，参加谈话的同志严肃认真，知无不言、言无不尽，讲心里话，公正表达意见。

参加谈话的同志在思考准备时都非常认真、十分慎重，有的拟好谈话提纲；在谈话中都能畅所欲言，不仅充分发表推荐意见，许多同志还对中央领导班子建设提出了很好的建议；有的同志在谈话回去后又打来电话补充意见，有的还专门补交了书面材料……

"谈话过程也是对本人的一次考验和党性教育，是高级领导干部参与党内政治生活的生动实践。"大家反映,这种方式克服了以往"大会海推""划票打勾"带来的种种弊端,没有暗潮涌动,始终风清气正。

充分沟通酝酿,凝聚全党意志。

在综合大家意见建议的基础上,2017年9月25日,中央政治局常委会提出了新一届中央领导机构的组成人选方案。

新一届中央纪委领导成员人选建议方案,由中央纪委、中央组织部有关方面经过酝酿讨论,向中央提出。新一届中央军委组成人选建议方案,由中央军委经过集体讨论,向中央提出。

9月29日,中央政治局会议审议通过了新一届中央领导机构人选建议名单,决定提请党的十九届一中全会和中央纪委一次全会分别进行选举、通过、决定。

新一届中央领导机构产生的过程,是坚持党的领导和充分发扬民主相结合、凝聚全党智慧的过程,是严格按党章、按制度、按程序办事的过程,是党和国家领导人产生机制不断改进完善的过程,充分显示出我们党更加团结统一、成熟自信。

乘风破浪扬帆进

——新一届中央领导机构汇集了全党各方面优秀的执政骨干,他们将团结带领全党全国各族人民,豪情满怀、意气风发进行伟大斗争、建设伟大工程、推进伟大事业、实现伟大梦想

10月24日,党的十九大选举产生了新一届中央委员会

和中央纪律检查委员会。

10月25日,党的十九届一中全会选举产生了新一届中央领导机构。

这是一个体现全党意志、凝聚全党共识、反映人民期待,值得全党全军和全国各族人民充分信赖的领导集体——

新一届中央领导机构由符合马克思主义政治家标准,能够适应统筹推进"五位一体"总体布局、协调推进"四个全面"战略布局需要,具有破解改革攻坚难题、应对各种风险能力的专业素质,具有丰富领导经验和群众工作本领,忠诚、干净、担当,在干部群众中有很高威信的各方面党的执政骨干组成。

这是一个承前启后、继往开来,充分体现当代中国共产党人风貌的领导集体——

十九届中央政治局由25名熟悉各方面、各领域工作的同志组成,都有较高学历和专业知识,结构比较合理,有在地方工作的,有在中央和国家机关工作的,也有军队的同志,还有女同志。其中,10名同志是十八届中央政治局委员继续提名,3名同志是全国人大和国务院领导同志转任,12名同志是新提拔的。

这是一个朝气蓬勃、富有活力,能够适应党和国家事业长远发展需要的领导集体——

新一届中央领导机构进退比例比较适当,保持了人员和工作的连续性,积极稳妥地实现了党和国家高层领导的新老交替。一批德才兼备、年富力强的领导干部进入新一届中央政治局，充分反映了我们党的兴旺发达、后继有人。

在新一届中央领导机构酝酿人选和征求意见时，一些党和国家领导同志以党和人民利益为重，以对国家发展和民族振兴高度负责的精神，主动表示退下来，让相对年轻的同志上来，表现出了共产党人的宽阔胸怀和高风亮节。

领航新时代，再启新征程。

2017年10月25日上午，人民大会堂东大厅华灯璀璨，气氛热烈。11时54分，中国共产党第十九届中央委员会总书记习近平和中央政治局常委李克强、栗战书、汪洋、王沪宁、赵乐际、韩正步入东大厅，同采访党的十九大的中外记者亲切见面。

步履矫健、姿态从容，中央领导同志在镜头和闪光灯前展示出沉稳豪迈的气度和锐意进取的精神。

习近平总书记代表新一届中央领导机构成员衷心感谢全党同志的信任，表示一定恪尽职守、勤勉工作、不辱使命、不负重托。他说，过去的5年，我们做了很多工作，有的已经完成了，有的还要接着做下去。党的十九大又提出了新目标新任务，我们要统筹抓好落实。只要我们深深扎根人民、紧紧依靠人民，就可以获得无穷的力量，风雨无阻，奋勇向前。

这是新时代领航者的自信，这是一个执政党的担当，这是伟大民族复兴的希望。

以习近平同志为核心的新一届中央领导集体，必将团结带领全党全国各族人民，高举中国特色社会主义伟大旗帜，锐意进取，埋头苦干，决胜全面建成小康社会，夺取新时代中国特色社会主义伟大胜利，引领承载着中国人民伟大梦想的航船破浪前进，驶向光辉的彼岸。

（新华社北京10月26日电）

《人民日报》（2017年10月27日01版）

面向新时代的政治宣言和行动纲领

——党的十九大报告诞生记

2017年10月18日上午,北京人民大会堂。中国共产党第十九次全国代表大会在这里隆重举行。

习近平同志健步走向报告席,代表第十八届中央委员会,向大会作了题为《决胜全面建成小康社会 夺取新时代中国特色社会主义伟大胜利》的报告。

3万余字,近3个半小时,2300多名代表和特邀代表响起70多次掌声。这掌声凝聚着党心和民心,这掌声升腾起信心和力量。

这是中国共产党人面向未来的庄严宣誓——

不忘初心,牢记使命,高举中国特色社会主义伟大旗帜,决胜全面建成小康社会,夺取新时代中国特色社会主义伟大胜利,为实现中华民族伟大复兴的中国梦不懈奋斗。

这是全党全国人民为实现中华民族伟大复兴而奋斗的行动指南——

把习近平新时代中国特色社会主义思想同马克思列宁主义、毛泽东思想、邓小平理论、"三个代表"重要思想、科学发展观一道确立为我们党的行动指南，开辟了当代中国马克思主义新境界。

这是社会主义现代化征程中的崭新起点——

我们既要全面建成小康社会、实现第一个百年奋斗目标，又要乘势而上开启全面建设社会主义现代化国家新征程，向第二个百年奋斗目标进军。

科学把握国际国内大势，深入研究事关全局的重大问题

——党的十九大报告起草工作始终在中央政治局常委会直接领导下进行，习近平总书记亲自担任文件起草组组长

2016年10月，党的十八届六中全会决定：2017年下半年召开党的十九大。

在全面建成小康社会决胜阶段、中华民族走向伟大复兴的关键时期，这一继往开来、承前启后的盛会将作出怎样的战略部署？如何推进实现中华民族伟大复兴中国梦的历史进程？举国关注，举世瞩目。

作为党的十九大筹备工作的重要组成部分，起草出一个凝聚全党智慧、顺应人民群众期待、对我国发展具有指导作用、在国际社会产生广泛影响的报告，是大会胜利举行的重要环节。

2017年1月13日上午，中南海怀仁堂。

习近平总书记主持召开党的十九大文件起草组第一次全体会议，宣布党中央关于成立党的十九大文件起草组的决定。文件起草组由习近平总书记担任组长，刘云山、王岐山、张高丽同志任副组长。

会上，习近平总书记要求充分认识做好党的十九大报告起草工作的重大意义，坚持正确思想方法，科学分析和把握国际国内形势，深入研究关系党和国家事业发展的重大问题。

按照习近平总书记的部署和要求，起草组围绕一系列重大理论和实践问题开展实地调研、组织专题调研。

在这次会议上，习近平总书记还明确指出，党的十九大报告起草要遵循"五个坚持"的指导原则：

——坚持正确政治方向。"党的十九大报告是政治报告，阐明对关系党和国家事业发展一系列重大问题的政治立场、政治态度、政治原则，坚持从政治上研究和把握问题是第一位要求。"

——坚持解放思想、与时俱进。提倡民主讨论、相互切磋、畅所欲言、集思广益，勇于探索和研究重点、难点、热点问题，激励大家开动脑筋、贡献智慧。

——坚持战略思维和系统思维。"我们提出的思想理论和方针政策有没有前瞻性和预见性，我们作出的决策部署有没有指导性和可持续性，要看我们能不能从战略上全局上对我国发展和世界发展作出科学预判。"

——坚持问题导向、强化问题意识。"要把问题作为研究制定方针政策的起点,从问题最集中的地方和最突出的问题入手,把准政策基点,合理设定预期,把政策建立在解决最突出的矛盾和问题、满足人民群众最迫切的愿望和要求之上。"

——坚持从实际出发。"要坚持实事求是的科学态度,坚持立足现实和着眼长远相统一,提目标、定任务、出政策要从实际出发,决不能脱离实际、超越阶段。"

5月9日,报告框架方案呈报文件起草组第三次全体会议。习近平总书记在听取汇报和讨论后指出,党的十九大报告是我们党站在"两个一百年"奋斗目标的历史交汇点上,对党、对国家、对中华民族发展所作的宏观设计和政治宣言。新形势下,统筹推进"五位一体"总体布局,协调推进"四个全面"战略布局,有许多重大理论和实践问题需要回答。

如何对过去5年的工作进行全面客观的总结?

如何对党的十八大以来党的理论创新和实践创新成果进行概括和提炼?

如何阐述新形势下中国共产党的历史使命以及完成历史使命必须坚持的重大原则和必须解决的重大问题?

……

习近平总书记指出,这些重大理论和实践问题是报告起草必须攻克的重点,也是推进理论创新和实践创新的关节点。只有把重大问题搞清楚,才能明确报告大方向主脉络,理清思路,打通关节。

理论创新和实践创新永无止境。我们党作为世界上最大的发展中国家和最大的社会主义国家执政党，需要解决的困难和问题、需要应对的风险和挑战，远比世界上其他国家要多、要严峻。只有始终保持改革创新勇气，勇于突破思维定势，才能不断打开事业发展新局面。

6月28日，习近平总书记主持召开文件起草组第四次全体会议，强调要继续在提出新思想新观点新举措上下功夫，从历史和现实、理论和实践、国内和国际等的结合上进行思考，得出科学准确的结论。

7月13日至24日，习近平总书记先后主持召开两次中央政治局常委会会议和一次中央政治局会议，审议党的十九大报告稿。

——7月13日，中央政治局常委会会议第一次审议报告稿，中央政治局常委同志在听取汇报后，一致赞成报告稿的框架思路、内容结构、重大观点、主要提法，提出了重要意见。

——7月20日，中央政治局常委会会议第二次审议报告稿，中央政治局常委同志提出了重要修改意见。

——7月24日，中央政治局会议第一次审议报告稿，中央政治局委员一致赞成报告稿的框架思路、内容结构，赞成报告稿提出的主题主线、指导思想、基本方略、重大论断、决策部署。

7月26日，党的十九大召开前夕，习近平总书记在省部级主要领导干部专题研讨班开班式上发表重要讲话，指出中国特色社会主义是改革开放以来党的全部理论和实践的主题，全党必须高举中国特色社会主义伟大旗帜，牢固树立中国特色社会主义道路自信、理论自信、制度自信、文化自信，确保党和国家事业始终沿着正确方向胜利前进。

新加坡《联合早报》刊文指出，这次重要讲话已经勾勒出中国共产党第十九次全国代表大会的政治和理论框架。

"我们要牢牢把握我国发展的阶段性特征，牢牢把握人民群众对美好生活的向往，提出新的思路、新的战略、新的举措，继续统筹推进'五位一体'总体布局、协调推进'四个全面'战略布局，决胜全面建成小康社会，夺取中国特色社会主义伟大胜利，为实现中华民族伟大复兴的中国梦不懈奋斗。"

因时而变，随事而制。习近平总书记的"7·26"重要讲话蕴含着我们党对世情国情党情的深入观察和科学预判，为规划未来5年乃至更长时期我国发展蓝图明确了基调。

"党的十九大报告的孕育诞生，并不是始于起草组成立之日，其中的重大理论、重大论断、重大决策，都离不开习近平总书记长期以来的理论思考和实践探索。"文件起草组成员说。

过去5年，习近平总书记到基层考察调研50次、累计151天，走最崎岖的山路，去最贫困的地方，倾听民情民意，深入调查研究，用遍布神州大地的足迹践行人民至上的承诺。

过去5年，习近平主席28次出访，足迹遍及五大洲、56个国家以及主要国际和地区组织，以元首外交引领中国特色大国外交呈现全新气象。

过去5年,以习近平同志为核心的党中央围绕新时代坚持和发展什么样的中国特色社会主义、怎样坚持和发展中国特色社会主义这个重大时代课题,进行了一系列深刻阐述,作出了一系列重大部署,形成了一系列治国理政新理念新思想新战略。

这样的探索追寻,这样的创新开拓,贯穿在党的十八大以来的历次全会中,融汇于过去5年中国特色社会主义建设的火热实践中,为党的十九大报告起草提供了丰厚依据。

春华秋实,硕果累累。

10月18日上午,习近平同志代表第十八届中央委员会向大会作报告。

代表们为之振奋:"党的十九大报告,在总结过去5年工作的基础上作出一系列重大理论概括、重大实践总结、重大战略部署,在深刻阐述习近平新时代中国特色社会主义思想的基础上明确了基本方略,指明了实现中华民族伟大复兴中国梦的前进方向,是中国特色社会主义进入新时代的开篇之作,是实现中华民族伟大复兴的奠基之作。"

凝聚全党意志,顺应人民期待

——党的十九大报告起草是一次发扬党内民主、集中党内智慧的过程,是解放思想和统一思想有机结合的过程

党的十九大报告起草伊始,习近平总书记就反复强调:

"起草好党的十九大报告,是发扬党内民主、集中党内智慧的过程,是解放思想和统一思想有机结合的过程。"

"中国特色社会主义进入新时代,我国社会主要矛盾已经转化为人民日益增长的美好生活需要和不平衡不充分的发展之间的矛盾。"党的十九大报告对我国社会主要矛盾变化作出的重大论断,格外引人注意。

1956年,党的八大指出,我们国内的主要矛盾,已经是人民对于经济文化迅速发展的需要同当前经济文化不能满足人民需要的状况之间的矛盾。

1981年,党的十一届六中全会指出,我国所要解决的主要矛盾,是人民日益增长的物质文化需要同落后的社会生产之间的矛盾。

改革开放后,随着社会生产力的发展和人民生活需要的变化,我国社会主要矛盾也在累积着变化。在党的十六大报告、十七大报告、十八大报告起草过程中,就曾有人提议修改我国社会主要矛盾的表述。因为时机还不成熟,这个问题未有定论。

党的十九大报告起草调研中,几乎所有的反馈都认为,重新定义我国社会主要矛盾的时机已经成熟,但如何定义却意见不一。

习近平总书记要求先不要急于下结论,要深入调查研究,进行认真细致思考。有关方面按照要求,深入调研,听取各方面意见,进行广泛讨论,最终对当前我国社会主要矛盾的认识趋于一致。这一几上几下、科学审慎的认识过程，正是报告起草工作发扬党内民主、集中党内和各方智慧的写照。

如何践行新发展理念，推动经济持续健康发展？

如何创新社会治理方式，提高社会建设和管理水平？

如何深化生态文明体制改革，加快建设美丽中国？

如何坚持走中国特色强军之路，加快建设世界一流军队？

……

要回答好这些重大问题，同样必须进行充分的调查研究。报告起草工作从一开始，就对调研工作高度重视，并作出了专项部署。

1月17日，中共中央向各省、自治区、直辖市党委，中央各部委，国家机关各部委党组（党委），解放军各大单位、中央军委机关各部门党委，各人民团体党组发出《关于对党的十九大报告议题征求意见的通知》，决定对党的十九大报告议题在党内一定范围内组织讨论，广泛征求意见。同时，还将通过一定方式征求党外人士意见和建议。

2月上旬，根据起草组的工作部署，9个调研组赴16个省区市，就党的十九大报告议题进行调研，召开各级各类座谈会65次。

2月20日至3月31日，按照党中央部署的21个重大理论和实践问题，59个承担部门和单位组成80个调研组，深入1817个基层单位开展实地调研，召开1501次座谈会和研讨会，参会或接受访谈人数21532人，形成80份专题调研报告。这些成果为报告起草奠定了坚实基础。

一次次访谈，汇聚了广大党员的意见和建议；一次次调研，带回基层群众的深切期盼。

5月下旬，25个国家高端智库建设试点单位提交了65份围绕党和国家发展面临的重大理论和实践问题开展深入调研形成的报告，提供起草组研究参考。

8月5日，中共中央向各省、自治区、直辖市党委，中央各部委，国家机关各部委党组（党委），解放军各大单位、中央军委机关各部门党委，各人民团体党组发出通知，在党内一定范围组织讨论，征求对党的十九大报告稿的意见。

从善如流，兼收并蓄。

从议题设置，到谋篇布局，再到具体表述，只有坚持解放思想、实事求是，方能起草出对我国发展具有指导作用、在国际社会产生广泛影响的报告。

截止到8月25日，各地区各部门各方面对党的十九大报告征求意见稿的意见和建议按期全部返回，共计征求4700余人的意见，收到书面反馈材料总计118份。中央领导同志和党内老同志反馈意见33份。

从21日至25日，习近平总书记在中南海怀仁堂主持召开5次座谈会，分片当面听取31个省区市党政主要负责同志、解放军各大单位和中央军委机关有关部门主要负责同志对报告的修改意见和建议——这是党的全国代表大会文件起草工作的惯例，也是科学决策、民主决策的实践。

8月30日,习近平总书记在中南海怀仁堂主持召开座谈会,当面听取各民主党派中央、全国工商联领导人和无党派人士对党的十九大报告征求意见稿的意见。与会党外人士开诚布公、畅所欲言,提出了许多意见和建议,并提交了10份书面材料。习近平总书记在听取发言后,代表中共中央表示感谢,要求文件起草组认真研究吸纳党外人士意见和建议。

调查、研究、论证,再调查、再研究、再论证。

一次次讨论开放包容,一处处修改字斟句酌,报告就在一点一滴中逐步完善——

经过汇总、整理,各地区各部门各方面共提出修改意见2027条,扣除重复意见后为1773条,其中原则意见179条,具体修改意见1594条;具体修改意见中,实质性修改意见1208条,文字性修改意见386条。

根据习近平总书记的重要指示精神,文件起草组还重点研究吸纳了中央领导同志、从中央领导职务退下来的老同志对党的十九大报告征求意见稿反馈的意见和建议。

截止到提交党的十八届七中全会讨论,文件起草组对党的十九大报告共作出增写、改写、文字精简986处,覆盖各方面意见和建议864条。

10月11日,党的十八届七中全会召开。文件起草组全体同志认真听取全会中委10个分组和中纪委4个分组关于报告的讨论发言,连夜召开工作会议,逐条研究修改意见,提出吸纳建议。

10月14日，党的十八届七中全会第二次全体会议表决通过党的十八届中央委员会向党的十九大的报告（草案）。

按照习近平总书记对报告起草工作的重要指示精神，起草组认真吸纳各方意见，逐条研究，对许多重大问题深入研究，对一些重要表述反复推敲。

光阴荏苒，夏去秋来。

起草组始终按照习总书记强调的"寻求最大共识"的要求，就报告起草涉及的重大理论和实践问题边研究边起草，反复修改、精心打磨。

10月18日，党的十九大开幕会上，这份凝结了全党智慧和心血的报告摆在了2300多名代表和特邀代表的面前。

党的十九大代表是由各级党组织和广大党员选举产生的，他们来自各个方面、各个领域，对实际工作和群众意愿有深刻了解。大会召开前，代表们采取不同方式，认真听取所在选举单位党员群众的意见，并且把他们的期盼和愿望带到了大会上。

10月19日，习近平同志参加党的十九大贵州省代表团讨论。代表们纷纷结合实际，对报告发表意见，畅谈认识和体会。习近平同志边听边记，同代表们展开深入讨论。

习近平同志说，党的十九大报告进一步指明了党和国家事业的前进方向，是我们党团结带领全国各族人民在新时代坚持和发展中国特色社会主义的政治宣言和行动纲领。要深刻学习领会中国特色社会主义进入新时代的新论断，深刻学习领会我国社会主要矛盾发生变化的新特点,深刻学习领会分两步走全面建设社会主义现代化国家的新目标,深刻学习领会党的建设的新要求,激励全党全国各族人民万众一心,开拓进取,把新时代中国特色社会主义推向前进。

党的十九大召开期间,根据各代表团和列席人员两轮讨论反馈的意见,对报告稿又作了修改。

党的十九大报告在党内外、海内外产生强烈反响。从起草过程和反响可以看出,党的十九大报告是充分发扬民主、集中全党智慧的产物,是反映全党意志、体现人民意愿的报告。

不忘初心,牢记使命

——党的十九大报告高举习近平新时代中国特色社会主义思想伟大旗帜,引领亿万人民为实现中华民族伟大复兴的中国梦不懈奋斗

10月24日上午,北京人民大会堂。中国共产党第十九次全国代表大会闭幕会在这里举行。经久不息的掌声中,党的十九大报告通过。

这个领导着世界第二大经济体、拥有8900多万名党员的全球第一大政党,向世界展示出愈加成熟、愈发强大的信心和力量。这个近代以来久经磨难的民族,以更加坚定的意志、更加昂扬的斗志迈向社会主义现代化新征程。

今天,面向"两个一百年"奋斗目标的历史交汇期,党的十九大报告对我们党团结带领全国各族人民迈向新征程至

关重要。

——这是一份不忘初心、勇担使命的政治宣言。

"中国共产党人的初心和使命,就是为中国人民谋幸福,为中华民族谋复兴。"

中国共产党从诞生之日起,就义无反顾地肩负起这份历史使命,在96年波澜壮阔的革命、建设、改革历程中,百折不挠、历久弥新、永志不忘、矢志不渝。也正是在中国共产党的领导下,中华民族迎来了实现伟大复兴的光明前景。

这份初心,源于96年前南湖红船上生起的革命火种;对这个承诺,一代又一代中国共产党人接续践行、从未改变。

全面回顾过去5年的工作和历史性变革,深刻阐释"四个伟大"的逻辑联系,生动勾勒社会主义现代化强国的轮廓,科学制定民族复兴的时间表、路线图……党的历史使命贯穿党的十九大报告始终,串起国家与民族的过去、现在、未来。

"中华民族伟大复兴,绝不是轻轻松松、敲锣打鼓就能实现的。全党必须准备付出更为艰巨、更为艰苦的努力。"

中国共产党人对历史使命的自觉担当,激起无数人内心的回响。

如何在新的时代条件下,更好地担负起历史赋予的使命?

报告作出清晰回答:"伟大斗争,伟大工程,伟大事业,伟大梦想,紧密联系、相互贯通、相互作用,其中起决定性作用的是党的建设新的伟大工程。"

报告对推进党的建设新的伟大工程作出了全面系统部

署,为我们党更好担负起历史使命提出"革命性锻造"要求:"打铁必须自身硬""全面从严治党永远在路上""把党的政治建设摆在首位""夺取反腐败斗争压倒性胜利""全面增强执政本领"……

无论时代如何变迁、挑战如何艰巨,中国共产党的历史使命从未改变,担当一如既往。

有海外学者曾这样评价:"中国共产党不仅是一个执政党,更是一个使命党。"

这份历史使命,不仅是对自己的国家、人民、民族的忠诚交付,也是对全世界、全人类的命运关怀。

新中国成立之初,毛泽东同志就曾指出:"中国应当对于人类有较大的贡献。"

今天,党的十九大报告庄严宣布:"中国共产党是为中国人民谋幸福的政党,也是为人类进步事业而奋斗的政党。中国共产党始终把为人类作出新的更大的贡献作为自己的使命。"

——这是一种人民至上的执政情怀。

统计发现,3万多字的党的十九大报告中,"人民"二字出现超过200次。

党的十九大报告把对人民福祉的热情关注,倾注于字里行间:

提出"推动城乡义务教育一体化发展",大力促进教育公平,加快补齐乡村教育的短板;

提出"幼有所育、学有所教、劳有所得、病有所医、老

有所养、住有所居、弱有所扶",在以往提法的基础上增加对"幼"和"弱"的关怀,使民生保障覆盖每个人生命全周期的重要方面;

写入"保护人民人身权、财产权、人格权",强化国家对人民合法权益的全面保护……

党的十九大报告对人民权利的尊崇,彰显我们党一以贯之的人民情怀:"坚持以人民为中心""把党的群众路线贯彻到治国理政全部活动之中""坚持人民当家作主""保证人民当家作主落实到国家政治生活和社会生活之中""坚持在发展中保障和改善民生""保证全体人民在共建共享发展中有更多获得感"……

"人民总是被放在第一位。人民是国家的主人,中国共产党存在的意义是为人民服务,这一点在报告中非常明确。"党的十九大报告葡萄牙文语言翻译专家拉法埃尔对此印象深刻。

5年前,刚刚当选中共中央总书记的习近平曾对中外媒体宣示:"人民对美好生活的向往,就是我们的奋斗目标。"

今天,党的十九大报告高扬的旗帜上,"人民"的底色光彩如初、分外耀眼——"永远与人民同呼吸、共命运、心连心,永远把人民对美好生活的向往作为奋斗目标"。

——这是一份高屋建瓴、视野开阔的行动指南。

党的十九大报告作出了中国特色社会主义进入了新时代等重大政治论断,提出了习近平新时代中国特色社会主义思想这一重大理论成果。

这是贯穿3万多字报告的灵魂，也是解读党面向新时代的政治宣言和行动纲领的关键。

这一系列重要论断，既有面对世界格局的深刻调整、中国发展的深刻变化，我们党对国家发展历史方位的清醒认识，也有我们党对时代提出的重大课题的明确回答——坚持和发展什么样的中国特色社会主义、怎样坚持和发展中国特色社会主义。

报告阐述的习近平新时代中国特色社会主义思想的"八个明确"与新时代坚持和发展中国特色社会主义基本方略的"十四个坚持"，有机统一、相辅相成，既是过去5年最具深远意义的思想理论成就，也是党的十九大报告的最大亮点。

美国《华尔街日报》网站报道称，习近平新时代中国特色社会主义思想似乎涵盖了中国继续发展面临的所有决策和涉及的所有挑战。

"实践没有止境，理论创新也没有止境。"

人民大会堂内外，代表们热烈讨论，高度赞同。报告把习近平新时代中国特色社会主义思想确立为党必须长期坚持并不断发展的指导思想，实现了马克思主义中国化的又一次飞跃。这是我们党书写在历史上的新的重大贡献，是中国共产党人新时代的精神支柱和力量源泉。

——这是一个豪情满怀、催人奋进的战略安排。

从党的十九大到党的二十大，是"两个一百年"奋斗目标的历史交汇期。

综合分析国际国内形势和我国发展条件，党的十九大报告提出从 2020 年到本世纪中叶可以分两个阶段来安排——

第一个阶段，从 2020 年到 2035 年，在全面建成小康社会的基础上，再奋斗 15 年，基本实现社会主义现代化；

第二个阶段，从 2035 年到本世纪中叶，在基本实现现代化的基础上，再奋斗 15 年，把我国建成富强民主文明和谐美丽的社会主义现代化强国。

现在，距离邓小平同志提出实现现代化"三步走"战略，已经整整过去 30 年。

在一代又一代接续奋斗的基础上，当代中国共产党人以科学的谋断和充分的自信，不仅把原来第二个百年目标实现的时间表提前了 15 年，还提出了更高的目标、更高的追求，来推进中国特色社会主义向前发展。

一系列新举措，鼓舞人心；一系列新部署，催人奋进。

96 年来，为了实现中华民族伟大复兴的历史使命，中国共产党初心不改、矢志不渝，团结带领人民历经千难万险，创造了一个又一个彪炳史册的人间奇迹。

"今天，我们比历史上任何时期都更接近、更有信心和能力实现中华民族伟大复兴的目标。"

站在新时代，迈向新征程，为了梦想而奋斗的感召如此强烈：

全党全国各族人民要紧密团结在以习近平同志为核心的党中央周围，高举中国特色社会主义伟大旗帜，认真学习贯彻习近平新时代中国特色社会主义思想，锐意进取，埋头苦干，为实现推进现代化建设、完成祖国统一、维护世界和平与促进共同发展三大历史任务，为决胜全面建成小康社会、夺取新时代中国特色社会主义伟大胜利、实现中华民族伟大复兴的中国梦、实现人民对美好生活的向往继续奋斗！

（新华社北京10月27日电　记者吴晶、胡浩、施雨岑）

《人民日报》（2017年10月28日01版）

建设马克思主义执政党的光辉指引

——《中国共产党章程（修正案）》诞生记

时代的洪流奔涌向前，鲜红的党章昭示未来。

一代代中国共产党人带领人民接续奋斗，推动承载着中华民族伟大复兴梦想的航船驶入新时代。

处于新的历史方位，站在新的历史起点，开启新的历史征程，党的十九大如何根据新形势新任务对党章进行适当修改，为这面高扬的旗帜增添新的思想光芒，人民在期待，世界在关注。

"通过！"

10月24日上午，北京人民大会堂，习近平总书记以铿锵有力的声音，庄严宣布大会表决通过关于《中国共产党章程（修正案）》的决议。

热烈的掌声回荡在万人大礼堂。

这是党和人民的共同意愿——大会一致同意将习近平新时代中国特色社会主义思想同马克思列宁主义、毛泽东思想、邓小平理论、"三个代表"重要思想、科学发展观一道确立为党的行动指南,一致同意把坚定维护以习近平同志为核心的党中央权威和集中统一领导写入党章。

这是党和人民的共同意志——大会一致同意将实现"两个一百年"奋斗目标,实现中华民族伟大复兴的中国梦的宏伟目标写入党章。

这是党和人民的共同心声——大会一致同意将党的十九大关于新时代坚持和发展中国特色社会主义的重大政治论断、重大战略、重大举措写入党章。

这是党和人民的共同信念——大会一致同意将党的十八大以来以习近平同志为核心的党中央坚持和加强党的领导、全面从严治党的新鲜经验写入党章。

进入新时代,开启新征程,光辉的旗帜更加高高飘扬。

事关党的长远发展的重大决策

——党的十九大对党章进行适当修改,是以习近平同志为核心的党中央立足新时代党的事业发展和党的建设全局、适应新的实践变化和任务要求作出的决定

上海老成都北路,中共二大会址纪念馆。修葺一新的党章展厅内,60余种各个时期的珍贵党章版本铺满整整一面墙。

1922年,中国共产党的第一部党章在这里诞生。从党的三大开始,除了党的五大,历次党的全国代表大会都对党章作出不同程度的修改。

"要把党的十九大报告确立的重大理论观点和重大战略思想写入党章,使党章充分体现马克思主义中国化最新成果,充分体现党的十八大以来党中央提出的治国理政新理念新思想新战略,充分体现坚持和加强党的领导、全面从严治党的新鲜经验,把我们党建设得更加朝气蓬勃、坚强有力,始终保持党同人民群众的血肉联系。"

9月18日,党的十九大召开前1个月,中央政治局召开会议,研究包括《中国共产党章程(修正案)》稿在内的拟提请党的十八届七中全会讨论的文件。外界首次获悉党的十九大将修改党章。

"从中共党章,可以看出中国下一步发展的方向。"新加坡《联合早报》报道说。

这是改革开放以来中国共产党第八次修改党章。从党的十二大通过现行党章开始,我们党认真总结坚持和发展中国特色社会主义的成功经验,又先后6次通过党的全国代表大会修改党章,及时把党的实践发展和理论创新的重大成果体现到党章中,使党章在推进党和国家事业、加强党的建设中发挥了重要指导作用。

高举旗帜,继往开来。

党的十八大以来,以习近平同志为核心的党中央以巨大的政治勇气和强烈的责任担当,提出一系列治国理政新理念新思想新战略,出台一系列重大方针政策,提出一系列重大举措,推进一系列重大工作,解决了许多长期想解决而没有解决的难题，办成了许多过去想办而没有办成的大事，推动党和国家事业发生历史性变革，中国特色社会主义进入了新时代。

这是承前启后、继往开来、在新的历史条件下继续夺取中国特色社会主义伟大胜利的时代。处在"两个一百年"奋斗目标的历史交汇期，以习近平同志为核心的党中央将带领全国各族人民决胜全面建成小康社会，进而开启全面建设社会主义现代化国家新征程。

这是全体中华儿女勠力同心、奋力实现中华民族伟大复兴中国梦的时代。全国各族人民将团结奋斗、不断创造美好生活、逐步实现全体人民共同富裕，中华民族将以更加昂扬的姿态屹立于世界民族之林。

新时代、新目标、新征程，需要光辉的旗帜引领。

党章是党的总章程，对加强党的领导、加强党的建设具有根本性规范和指导作用。适应世情国情党情变化对我们党提出的新要求，契合人民群众对美好生活的新期待，党的总章程才能激发全党全国各族人民的磅礴力量，引领党和人民事业在新时代谱写出壮丽的新篇章。

一封封来信、一个个电话……近年来，很多党员和党组织向中央有关部门建议，适应党的实践变化和任务要求，在党的十九大上对党章进行适当修改。

2017年1月，在党中央就党的十九大报告议题广泛征求意见过程中，许多地方和部门的党组织向党中央提出了同样的建议。

以习近平同志为核心的党中央对修改党章的建议高度重视，要求党中央有关单位抓紧研究和论证，十分慎重地作出修改党章的决定。

在深入调查论证的基础上，5月18日，习近平总书记主持召开中央政治局常委会会议，作出党的十九大对党章进行适当修改的重大决定。

党中央认为，综合考虑各方面因素，党的十九大对党章进行适当修改是必要的，也符合各级党组织和广大党员的意愿。

——确保新时代沿着正确方向前进，需要与时俱进的科学理论作指导。

党的十八大以来，党和国家事业发生历史性变革，开创治国理政、管党治党新境界，最根本的在于以习近平同志为核心的党中央的坚强领导，在于习近平总书记系列重要讲话精神和治国理政新理念新思想新战略的正确指导。对习近平总书记系列重要讲话精神和治国理政新理念新思想新战略在理论上作出新概括，并同马克思列宁主义、毛泽东思想、邓小平理论、"三个代表"重要思想、科学发展观一道确立为党的行动指南写入党章，实现党的指导思想的与时俱进，对于在新的历史起点上进行伟大斗争、建设伟大工程、推进伟大事业、实现伟大梦想具有重大现实意义和深远历史意义。

——确保新时代沿着正确方向前进，需要一系列重大战略举措和大政方针作支撑。

党的十八大以来，以习近平同志为核心的党中央统筹推进"五位一体"总体布局、协调推进"四个全面"战略布局，坚持稳中求进工作总基调，迎难而上，开拓进取，在改革发展稳定、内政外交国防、治党治国治军等各方面积累了丰富的实践经验，形成了一系列新目标、新政策、新举措、新部署。把这些最新实践成果写入党章，有利于全党始终在思想上政治上行动上同以习近平同志为核心的党中央保持高度一致，不折不扣执行党中央的决策部署，把中国特色社会主义推向新的高度。

——确保新时代沿着正确方向前进，需要毫不动摇推进党的建设新的伟大工程作保证。

党的十八大以来，以习近平同志为核心的党中央以顽强意志和空前力度，扎实推进全面从严治党，在党的政治建设、思想建设、组织建设、作风建设、纪律建设及制度建设、反腐败斗争等各方面取得了历史性成就，赢得了党心民心。把这些行之有效的做法和经验提炼后写入党章，有利于促进全党同志保持清醒头脑，增强全面从严治党永远在路上的政治定力，不断提高党的建设质量，使党永葆生机活力。

同时，党中央认为，把党的十九大报告确立的重大理论观点和重大战略思想体现到党章中，实现党章与党的十九大报告的紧密衔接，有利于全党更好地学习领会、贯彻落实党的十九大精神。

党中央确定了这次修改党章必须遵循的原则：坚持以马

克思列宁主义、毛泽东思想、邓小平理论、"三个代表"重要思想、科学发展观为指导,深入贯彻落实习近平总书记系列重要讲话精神和治国理政新理念新思想新战略;坚持发扬民主,集中全党智慧,保持党章总体稳定,只修改那些必须改的、在党内已经形成共识的内容,可改可不改的不改,不成熟的意见不改。

定位准,方向明。

习近平总书记高度重视、亲力亲为,自始至终关心、指导着党章修改工作。

党中央成立了由刘云山同志任组长、王岐山同志任副组长的党章修改小组,在中央政治局常委会直接领导下工作。

6月19日,北京中南海。党章修改小组举行第一次全体会议,党章修改工作正式启动。

室外,骄阳似火。涌动在党章修改小组同志们心头的,是火一样的激情和强烈的责任感。牢记党中央的重托和全党同志的期望,党章修改小组全力投入到工作中。

集中全党意志的生动实践

——在以习近平同志为核心的党中央坚强领导下,党章修改充分发扬民主,集中全党智慧,统一思想、形成共识,激发起全党的创造力凝聚力战斗力

接到上级党委邀请参加征求党章修改意见座谈会的通知时,党的十九大代表、鞍山钢铁公司职工郭明义正和"郭明

义爱心团队"在辽宁省朝阳市农村开展精准扶贫调研。

"太有必要了！习近平总书记带领我们打开了中国特色社会主义事业新局面，老百姓的生活越来越好，对党中央、对习近平总书记提出的各项方针举措拍着巴掌赞同。党章就要把这些宝贵的思想和经验固化下来，引导我们党和国家在新航程上继续前进。"

忙完一天的调研，郭明义匆匆吃了一口饭，便把自己关进房间，提笔写下满满4页纸的意见和建议。

党章是全党意志、人民意愿的集中体现。

6月2日，党中央就党章修改工作向各地区各部门下发征求意见通知。

从中央领导同志到各地区各部门有关负责同志，再到基层党员、干部，都一同参与到党章修改工作中，使这次党章修改成为发扬党内民主的一次生动实践。

据党章修改小组有关负责人介绍，修改工作一开始，党中央就明确提出，要坚持解放思想、实事求是、集思广益，努力使修改后的党章充分体现党的理论创新和实践创新的最新成果，适应党和人民事业、党的建设新发展的需要。

党章修改工作始终将发扬党内民主体现在各个环节和各个方面，始终坚持对党员知情权、参与权、表达权的尊重。

——党章修改过程中，习近平总书记6次主持召开中央相关会议，研究党章修改工作、审议党章修改相关文件；主持召开6场座谈会，当面听取对党章修改的意见和建议。

"党章是党的根本大法,党章修改事关重大、至关重要,广大党员对此寄予很大期望。"习近平总书记多次强调,要以对党、对党的事业高度负责的精神做好党章修改工作。

在党章修改工作每一个重要节点,习近平总书记都要亲自听取汇报,总结上一阶段工作,为下一阶段工作提出要求、指明方向。

"党章修改工作是党的十九大文件起草工作的重要组成部分。"7月20日、24日,中央政治局常委会会议、中央政治局会议先后审议党章修正案(送审稿),习近平总书记强调,要把党的十八大以来加强党的领导和加强党的自身建设取得的重要成果,及时地充分地体现到党章中去,转化为全党的共同意愿和共同遵循,并对做好党章修正案下发各地区各部门征求意见工作提出了明确要求。

8月21日至25日,习近平总书记在中南海连续召开6场座谈会,当面听取各省区市、解放军各大单位和军委机关各部门主要负责同志的意见,同大家就党章修改问题深入进行研究。

"党章修正案能不能得到党的十九大通过、得到会议代表认同,直接检验着党章修改工作的成败。"9月14日、18日,习近平总书记分别主持召开中央政治局常委会会议、中央政治局会议审议党章修正案(讨论稿),强调要根据会议提出的意见抓紧修改好相关文件,要求在提请党的十八届七中全会审议前,对各地区各部门反馈意见进行再研究再吸收,认真打磨、精益求精，做到思想观点准确、新增内容稳妥、文字表述精到。

党的十八届七中全会期间，10月13日晚，中央政治局常委会会议对根据全会意见和建议作出修改后的党章修正案稿进行审议，习近平总书记对进一步做好党章修改工作提出明确要求。

党的十九大期间，党章修正案稿吸收与会代表提出的意见和建议，作了进一步修改完善。10月21日晚，习近平总书记主持召开大会主席团常务委员会第一次会议，听取党章修正案修改情况，对新修改的内容逐一讨论。

——党章修改过程中，各地区各部门在中央两次征求意见过程中反馈2165条意见和建议，书面报告累计超过2000页、总计100多万字。

每一次修改党章，都凝聚着全党的智慧和心血。

6月上中旬，按照党中央通知要求，各地区各部门精心组织召开座谈会，广泛征求意见和建议。会前，与会同志认真学习党章和习近平总书记系列重要讲话，既站在新时代党和国家事业发展大局上深入思考，又注意结合本地区本领域的工作实际，体现基层党员、群众的意愿，提出真知灼见；会上，大家畅所欲言，在热烈的讨论中形成共识。

6月下旬，各地区各部门先后报送了118份书面报告，一致赞成对现行党章作适当修改并保持党章总体稳定，完全赞同党中央确定的修改原则，共提出修改意见和建议1775条。

8月5日，中央将《中国共产党章程（修正案）》征求意见稿同党的十九大报告征求意见稿一道印发各地区各部门，党的十八大代表和新当选的党的十九大代表参加了讨论。

8月下旬，各地区各部门再次向中央报送了118份书面报告，普遍认为这次修改工作积极稳妥、务实严谨，指导思想、修改原则、修改程序、修改内容正确，同时提出了390条修改意见。

——党章修改过程中，党章修改小组先后召开5次全体会议、30多次工作班子会议，形成30多份党章修改稿、过程稿。

每一条意见都要精心对待、每一处修改都要反复推敲、每一道程序都要认真履行、每一项工作都要及时到位，这是党中央的要求，也是党章修改小组的自觉行动。

6月19日，党章修改小组第一次全体会议一结束，来自党中央多个部门的工作班子成员就来到住地，落实工作安排，明确具体任务、时间进度和工作要求。

随后的一周多时间内，党章修改小组对各地区各部门报送的报告夜以继日认真进行梳理，形成了600多页、30多万字的意见汇总本。在此基础上，党章修改小组提出了党章修改建议方案，对党章共作出99处修改，采纳或体现了1278条意见。

8月下旬至9月上旬，党章修改小组逐条梳理各地区各部门反馈的党章修正案稿修改意见和建议，适当吸收比较集中的意见，作出31处修改，其中新修改5处，对上一轮修改处的修改26处。

天下大事，必作于细。

每次中央政治局常委会会议和中央政治局会议审议党章修改方案后，党章修改小组都第一时间学习习近平总书记重要讲话精神，落实会议提出的重要意见。

这是一项严肃的政治任务，必须经得起实践和人民的检验。党章修改小组以高度负责的态度、科学严谨的作风，从一个重大提法到一个标点符号，都要琢磨了再琢磨、推敲了再推敲、比较了再比较。工作驻地的灯光，见证着党章修改小组同志日夜忙碌的身影，也见证着党章修正案一步步走向完善和成熟。

10月11日至14日，党的十八届七中全会召开。刘云山同志就《中国共产党章程（修正案）》讨论稿向全会作了说明。与会同志认真研究和讨论，提出了49条修改意见和建议。中央政治局常委会讨论通过了党章修改小组提出的修改方案。全会通过了《中国共产党章程（修正案）》，决定提请党的十九大审议。

10月18日至24日，党的十九大召开，38个代表团的代表、特邀代表对党章修正案进行了认真审议。大家普遍认为，修改后的党章顺应党心民心、顺应时代潮流，对于我们党在中国特色社会主义新时代进一步提高党的建设质量、提高党的执政能力和领导水平，更好地引领党和人民事业发展具有十分重大的意义。同时，代表们积极建言献策，共提出51条修改意见和建议，党章修改小组又进行了修改。经大会主席团常务委员会会议讨论通过,再次提请代表们审议。

夺取伟大胜利的行动纲领

——修改后的党章通篇贯穿习近平新时代中国特色社会主义思想,必将成为引领中国共产党在新时代实现历史使命的光辉旗帜

10月24日,党的十九大闭幕会上表决大会关于《中国共产党章程(修正案)》的决议时,党的十九大代表、河南省辉县市张村乡裴寨村党总支书记裴春亮高高举起了右手。

10月19日晚一接到散发着墨香的《中国共产党章程(修正案)》讨论稿,裴春亮就对照党的十九大报告反复审读,同其他代表热烈交流。

"党章高屋建瓴、新风扑面,对习近平新时代中国特色社会主义思想体现得十分充分,让我看到我们党、我们国家更加美好的未来。"裴春亮说。

大会通过的党章修正案,共修改107处,其中总纲部分修改58处,条文部分修改49处。

每一处修改,都凝结着党的十八大以来的丰富实践探索,蕴含着对新时代党的事业发展和党的建设的新要求,昭示着党的前进方向。

——始终贯穿着习近平新时代中国特色社会主义思想这根红线。

党章修正案的最大亮点和历史性贡献,是将习近平新时

代中国特色社会主义思想同马克思列宁主义、毛泽东思想、邓小平理论、"三个代表"重要思想、科学发展观一道确立为党的行动指南。

修改后的党章在总纲部分专门增写一个自然段强调,习近平新时代中国特色社会主义思想是对马克思列宁主义、毛泽东思想、邓小平理论、"三个代表"重要思想、科学发展观的继承和发展,是马克思主义中国化最新成果,是党和人民实践经验和集体智慧的结晶,是中国特色社会主义理论体系的重要组成部分,是全党全国人民为实现中华民族伟大复兴而奋斗的行动指南,必须长期坚持并不断发展。同时,在条文部分关于党员必须履行的义务、党的干部的基本条件和党的基层组织的基本任务中,增写了学习、贯彻习近平新时代中国特色社会主义思想的内容。

深邃的思想,彰显强大的真理力量。

代表们一致认为,习近平新时代中国特色社会主义思想,从理论和实践结合上系统回答了新时代坚持和发展什么样的中国特色社会主义、怎样坚持和发展中国特色社会主义这个重大时代课题。在党章中确认习近平新时代中国特色社会主义思想的历史地位,具有深厚的实践基础、思想基础、群众基础,是全党的共同意愿和全国各族人民的共同心愿。

从实现中华民族伟大复兴的中国梦,到把我国建成富强民主文明和谐美丽的社会主义现代化强国;从统筹推进"五位一体"总体布局和协调推进"四个全面"战略布局,到牢固树立"四个意识"和坚定"四个自信";从坚持新发展理念,到推进供给侧结构性改革,从健全中国特色社会主义法治体系,到培育和践行社会主义核心价值观……修改后的党章,将党的十八大以来习近平总书记的重要思想观点和党的十九大报告的相关提法充实进来。

代表们一致认为,习近平新时代中国特色社会主义思想内涵丰富、博大精深。党章的每一处修改,都是这一重要思想的具体体现、具体要求,一根红线贯穿始终。要不断增强学习贯彻习近平新时代中国特色社会主义思想的自觉性和坚定性,结合党的十九大报告和党的十八大以来的伟大实践,系统领会每一处修改的精到之处,学深悟透、融会贯通,真正内化于心、外化于行。

伟大的事业,需要坚强的核心领航。

党章修正案增写了维护以习近平同志为核心的党中央权威和集中统一领导的内容,并突出强调了党的领导地位和作用,把党政军民学、东西南北中,党是领导一切的这一重大政治原则写入党章,明确中国共产党领导是中国特色社会主义最本质的特征,是中国特色社会主义制度的最大优势。代表们一致表示,在党的根本大法中明确党是领导一切的这一重大政治原则,确认习近平同志的核心地位,对于全党牢固树立"四个意识",更加自觉地维护党中央权威、维护党的团结统一,实现党和国家事业兴旺发达具有重大意义。

——体现了夺取新时代中国特色社会主义伟大胜利的前

进方向。

党章修正案系统总结了党的十八大以来的成功实践和理论创新成果,从新时代坚持和发展中国特色社会主义、推进党和人民事业长远发展的高度,充实了改革开放以来我们取得一切成绩和进步的根本原因的内容,充实了社会主义初级阶段方面的内容,充实了党的基本路线方面的内容,充实了经济建设、政治建设、文化建设、社会建设、生态文明建设方面的内容,充实了国防和军队建设、民族关系、统一战线、外交方面的内容,涵盖改革发展稳定、内政外交国防、治党治国治军的方方面面。

代表们一致认为,这些增写、调整的内容体现了问题导向,是对当前我国发展中存在的突出问题、改革攻坚和加快转变发展方式面临的难点问题、干部群众普遍关注的热点问题的积极回应,有利于进一步增强"四个自信",更好地凝聚力量,完成新时代赋予的光荣而艰巨的任务。

——体现了贯彻以人民为中心的发展思想的战略任务。

人民对美好生活的向往始终是我们党的奋斗目标,党章中印刻着我们党不变的初心。

党章修正案牢牢把握当前我国社会发展阶段性特征,紧扣人民群众的需要多样化多层次多方面特点,增写了必须坚持以人民为中心的发展思想;将我国社会主要矛盾的表述调整为人民日益增长的美好生活需要和不平衡不充分的发展之间的矛盾;将又好又快发展修改为更高质量、更有效率、更加公平、更可持续发展；增写了不断增强人民群众获得感的内容……

代表们一致认为，我们党的一切奋斗都是为人民谋幸福为民族谋复兴，以人民为中心的发展思想体现在党章修改的方方面面，表明我们党始终不忘初心、牢记使命，始终践行全心全意为人民服务的宗旨。

——体现了坚定不移全面从严治党的时代要求。

中国特色社会主义进入新时代，我们党一定要有新气象新作为。党章修正案对党的十八大以来管党治党的实践创新和理论创新成果进行梳理提炼，及时固化为制度成果。

在总纲部分，将坚持党要管党、从严治党修改为坚持党要管党、全面从严治党，明确为党的建设指导方针；以党的政治建设为统领，调整充实了党的建设总体布局，明确以党的政治建设为统领，全面推进党的政治建设、思想建设、组织建设、作风建设、纪律建设，把制度建设贯穿其中；增写加强和规范党内政治生活，增强党内政治生活的政治性、时代性、原则性、战斗性，发展积极健康的党内政治文化，营造风清气正的良好政治生态等内容；将坚持从严管党治党作为党的建设必须坚决实现的基本要求之一写入党章，使党的建设目标更加清晰、布局更加完善。

在条文部分，充实了党员义务和发展党员标准等内容；增写了实现巡视全覆盖、中央单位巡视、市县巡察等内容；顺应基层呼声，将总支部委员会、支部委员会每届任期两年或三年调整为每届任期三年至五年；充实了干部选拔和领导干部条件等内容;充实了党的纪律、党的纪律检查机关部分的内容……

代表们一致认为,这些重大修改坚持以党的政治建设为统领,把全面从严治党的要求落实到了党的建设各方面、全过程,体现了对新时代推进党的建设新的伟大工程规律认识的深化,彰显了我们党打铁必须自身硬的坚强决心。

这是引领方向的旗帜,这是凝聚力量的旗帜。

党章的权威,在于这是全党意志的集中反映。党章的生命,在于全党上下共同尊崇、一体执行。

党的十九大闭幕会通过了关于《中国共产党章程(修正案)》的决议,号召党的各级组织和全体党员在以习近平同志为核心的党中央坚强领导下,高举中国特色社会主义伟大旗帜,以马克思列宁主义、毛泽东思想、邓小平理论、"三个代表"重要思想、科学发展观、习近平新时代中国特色社会主义思想为指导,更加自觉地学习党章、遵守党章、贯彻党章、维护党章,坚持和加强党的全面领导,坚持党要管党、全面从严治党,为决胜全面建成小康社会、夺取新时代中国特色社会主义伟大胜利、实现中华民族伟大复兴的中国梦、实现人民对美好生活的向往继续奋斗!

一个永远以人民为中心的政党必然赢得人民拥护,一个始终与时代共进步的政党必将永葆生机活力。

(新华社北京10月28日电　记者赵超、陈炜伟)

《人民日报》(2017年10月29日01版)